Le mystère de Dieu

DU MÊME AUTEUR

La communauté fraternelle, 1980.

WILHELM STÄHLIN

Le mystère de Dieu

Traduit par R. Wolff
Revu et adapté par A. Greiner

Préface de G. Siegwalt

« *Théologies* »

LES ÉDITIONS DU CERF
29, boulevard Latour-Maubourg
75007 PARIS
1991

ISBN 2-204-04331-1
ISSN 0761-4330

PRÉFACE

Nous n'avions jusqu'ici qu'un seul écrit de Wilhelm Stählin en traduction française : La Communauté fraternelle [1]. *Paru dans sa version originale en 1940, il parle des fraternités ou confréries, autrement dit des familles spirituelles dans l'Église qui veulent réaliser celle-ci de manière concrète, sans pour autant se substituer à l'Église plus vaste mais en essayant d'être en son sein un ferment.*

Le Mystère de Dieu *qui, dans l'édition publiée ici, date de 1970, est une étude qui, dès sa première édition parue en 1936, a marqué et continue de marquer une nouvelle compréhension de la foi et, partant, de la théologie. Ou plutôt : ce livre actualise l'*ancienne *compréhension de la foi et de la théologie, celle de l'Église des premiers siècles profondément imprégnée de la confession du « mystère de Dieu » au sens où les épîtres aux Éphésiens et aux Colossiens en parlent. D'emblée, le travail de W. Stählin s'inscrit, au-delà de la séparation entre Églises, dans une démarche de « catholicité », et cela non pas contre mais avec Luther, même s'il s'attaque plus d'une fois au protestantisme dans certaines de ses formes historiques dégénérées.*

W. Stählin n'est pas le premier à remettre sur le boisseau le thème du « mystère ». Ce thème était pour ainsi dire en l'air dès les années vingt. Avant toute conceptualisation, quelque chose en était vécu dans le Mouvement de Berneuchen dont le Manifeste, qui est de 1925, a été traduit en français, sous le titre Vivre l'Église pour le monde. Le Manifeste de Berneuchen [2]. *Mais c'est le moine bénédictin de Maria Laach, Odo Casel, qui, sur la base de la théologie biblique, de la théologie des Pères et également des religions à mystères antiques, a introduit le thème dans la théologie du XXe siècle. Stählin reconnaît sa dette vis-à-vis de Casel, et en même temps il s'en distancie critiquement : c'est qu'il y avait un rétrécissement du mystère au sens biblique et ancien chez Casel. Celui-ci voit le mystère principalement en relation avec les*

1. W. STÄHLIN, *La Communauté fraternelle*, trad. française, Cerf-Oberlin, 1980.
2. Concordia-Librairie protestante, 1982.

sacrements et donc avec la liturgie [3]. Les sacrements sont importants également aux yeux de Stählin, mais il s'inscrit en faux, en s'appuyant sur Luther et sur Melanchthon, contre toute réduction des sacrements à un nombre limité, que ce soit deux ou trois ou sept, comme si le mystère n'englobait pas tout. De même, Stählin a été, avec la Confrérie Saint-Michaël issue du Mouvement de Berneuchen et dont il a été l'un des fondateurs, un fervent promoteur du renouveau du culte eucharistique et de l'année liturgique dans le protestantisme, préparant ainsi la voie au rapprochement entre les Églises de traditions différentes. Mais, par-delà tout cela, c'est le caractère totalisant du « mystère » au sens du mystèrion biblique et ancien que Stählin retrouve et développe dans le présent ouvrage.

Le « mystère », en effet, c'est le Christ, en tant qu'il est présent et agissant à la fois dans le monde, dans l'Église et dans l'existence chrétienne. C'est tout le contenu de la partie centrale du livre. Toute limitation du mystère à un domaine particulier est ici surmontée. En même temps, le danger d'une dissolution du mystère est évité : le mystère prend forme concrète. C'est la raison pour laquelle Stählin en parle d'abord en relation avec l'existence chrétienne, puis avec l'Église, avant d'en parler en relation avec le monde : cette dernière relation n'apparaît qu'à partir de celles-là. Nous avons ici une théologie du mystère de Dieu qui, tout à la fois, ne réduit celui-ci à aucune concrétisation particulière et en même temps en dit en puissance la portée concrétisante dans tous les domaines. La théologie du mystère ainsi entendue est une théologie de la sanctification.

Stählin cite peu d'auteurs. Dans la présente édition, la plupart des rares références qu'il donnait ont été supprimées, en raison de leur peu d'intérêt pour le lecteur français. Mais chacun se convaincra vite de l'importance et de l'actualité de l'ouvrage. Depuis Vatican II, le thème de la sacramentalité de l'Église a fait son entrée dans la théologie. On parle également du caractère sacramentel de l'existence chrétienne [4]. Stählin, à sa manière, parle de l'une et de l'autre, en les fondant avec force dans le mystère même de Dieu. Par là, il empêche toute tentation d'idolâtrer soit l'Église, soit l'existence chrétienne et en même temps toute rupture de celles-ci par rapport à la création dans sa totalité.

Il faut ajouter que Stählin a le don d'une écriture très lisible, très intelligible. Ce livre est accessible à tout lecteur intéressé. Il ne s'adresse pas aux seuls protestants, même s'il est important pour eux, aussi dans

3. Voir le livre le plus important d'Odo CASEL : *Das christliche Kultmysterium* (1932).

4. Cf. L.M. CHAUVET, *Symbole et sacrement. Une relecture sacramentelle de l'existence chrétienne*, Cerf, 1987.

les pays francophones : ce que nous en avons dit suffit à montrer qu'émane des pages de cet écrit un véritable appel à un renouveau, dans le sens de la plénitude de la foi. Mais pour Stählin, le protestantisme ne peut pas être coupé du reste de la chrétienté : la théologie biblique et ancienne est le ferment d'une catholicité à laquelle toute l'Église est appelée et vers laquelle il s'agit, dans toutes les Églises, de progresser.

G. SIEGWALT.

REMERCIEMENTS

Des remerciements particuliers sont dus à l'éditeur allemand, Johannes Stauda Verlag de Kassel, et à la famille de Wilhelm Stählin, pour la cession gratuite des droits de traduction.

Il est juste de remercier les traducteurs qui ont travaillé l'un et l'autre avec une grande abnégation, dans le seul but de servir l'approfondissement de la connaissance de la foi. La correction des épreuves a été faite par Mme J. Guerrier : Qu'elle en soit remerciée.

AVANT-PROPOS

Mon livre *Du mystère divin*, paru en 1936, était épuisé depuis de nombreuses années, quand une émission qui m'était demandée par le *Westdeutscher Rundfunk* pour le 8 juin 1969 m'a fourni l'occasion de préciser que l'abandon du mystère est une caractéristique commune aux différents groupes qui vivent en tension au sein de l'Église protestante. Cette découverte m'a encouragé à écrire le présent ouvrage dont je justifie le titre dans les premières lignes de l'Introduction.

Personne ne s'étonnera si je considère la théologie des mystères, professée par l'école de Maria Laach, comme un phénomène analogue au sein de l'Église catholique romaine. Dans de nombreuses rencontres avec le P. Odo Casel, je me suis efforcé de clarifier le concept de « mystère ». J'ai étudié attentivement ses livres et surtout le résumé de sa conception du mystère par le P. Victor Warnach [1] et j'en ai retenu de nombreuses suggestions, malgré des divergences profondes. Sauf indication contraire, les citations de Casel se réfèrent à ce livre.

J'ai la conviction qu'une théologie « antimystérique », qui s'éloigne de l'Écriture sainte et s'oppose à Luther, ne peut pas aider l'Église chrétienne à rester fidèle à sa vocation et à l'accomplir. Le présent livre est écrit avec cette préoccupation ou plutôt avec l'espoir que l'Église pourra revenir au mystère et, de ce fait, revenir à elle-même. Je n'ai pas discuté en détail la volumineuse littérature concernant « le problème de Dieu » ou « une théologie après la mort de Dieu », et on n'y trouvera aucune allusion dans les notes. Ceux qui savent combien toute cette littérature est éloignée du discours biblique sur le Mystère ne s'en étonneront pas.

Prien (Chiemsee), Avent 1969.

Wilhelm STÄHLIN.

1. *Odo Casel. Das christliche Opfermysterium*, Verlag Styria, Graz-Vienne-Cologne, 1968.

INTRODUCTION
« Mysterium »

Au centre de cet écrit on trouve le mot *mystèrion*. C'est un terme du Nouveau Testament que l'Église protestante et sa théologie ne prennent plus guère en considération, ce qui est fort inquiétant. Ce livre ne parle pas du « mystère divin », mais il met en avant le mot grec *mystèrion* lui-même. Ce choix est bien fondé. Il est vrai que l'adjectif *theios* se retrouve dans certains passages du Nouveau Testament, mais il est tout à fait marginal. Le génitif « de Dieu » répond mieux à la réalité que l'adjectif « divin ». Le mystère n'est, en effet, pas seulement le « mystère divin ». Il est au sens propre le « mystère de Dieu » ou plutôt il désigne Dieu lui-même comme étant le « Mystère ».

Il est étonnant de voir qu'un mot si important dans le Nouveau Testament ait pu disparaître aussi complètement du vocabulaire d'une théologie par ailleurs si empressée à se prévaloir de l'Écriture sainte. Jésus lui-même, dans ses paraboles, voulait dévoiler à ses disciples les « mystères » du Royaume de Dieu qui devaient, dans ces mêmes paraboles, rester voilés et cachés pour les autres (Mt 13, 11). Pour l'apôtre Paul, le mystère est la quintessence de ce qui était caché « avant les siècles dans le secret de Dieu », pour être révélé – en Christ – et proclamé publiquement par la prédication de l'Évangile (Rm 16, 25 s.). Être « administrateurs des mystères de Dieu » (1 Co 4, 1), c'est-à-dire rendre témoignage à ces mystères et les faire connaître aux hommes, voilà pour Paul le contenu et la responsabilité du ministère apostolique et, il est sans doute permis de l'ajouter, de toute la prédication chrétienne. Dans les lettres aux Éphésiens et aux Colossiens, le mot « mystère » résonne souvent comme la note dominante d'un hymne aux sonorités exaltantes. Mais le Christ lui-même est le « mystère de Dieu » (Col 2, 2) en qui « sont cachés tous les trésors de la sagesse et de l'intelligence ». Le grand mystère, selon lequel, en Christ, l'homme, le ciel et la terre sont reliés d'une manière inouïe et nouvelle, est à la fois le contenu et le sens de notre culte (on pourrait aussi dire de notre religion) et le contenu de notre confession de foi (1 Tm 3, 16). Le mystère est la source cachée, mais maintenant accessible pour nous, qui nourrit et renouvelle toute la pensée, la connaissance et la prédication de l'Église chrétienne. Le but essentiel de toute réflexion chrétienne est de connaître de mieux en mieux ce mystère.

Je ne me propose pas d'examiner de nouveau ici l'origine étymologique du mot « mystère » ou l'histoire de son emploi dans le Nouveau Testament. Il est vrai que l'étymologie nous apprend peu de chose sur le sens de ce mot. Toutefois, le concept de « mystère » n'est pas encore dévalué dans la bouche de l'apôtre au point de ne pas laisser transparaître encore avec assez de clarté le sens original et universel de ce mot. Le mystère, c'est ce qui est encore caché selon son essence, ce qui doit être tu parce qu'on ne peut jamais en parler de manière adéquate. Le mystère, c'est ce qui ne peut être perçu par les yeux du corps comme un objet du monde extérieur, ce qui ne peut être formulé, exprimé et transmis au moyen d'une quelconque communication objective. C'est pourquoi le mot « mystère » peut aussi être compris dans le sens général et affaibli de ce que nous appelons des « secrets ». Dans les livres apocryphes de l'Ancien Testament, le mot « mystère » a parfois le sens tout à fait profane de secrets politiques ou militaires (par exemple 2 M 13, 21). Mais, même là, il désigne bien plus souvent les projets secrets de Dieu, qui doivent être révélés à la fin des temps. Ce mot devient ainsi un des mots préférés de l'apocalyptique qui veut précisément dévoiler ce qui est caché.

Pourtant, nous ne pouvons pas traduire « mystère » par « secret ». Le sens large et diffus dans lequel nous parlons de secrets ne s'applique pas au Mystère. Tel projet, telle expérience personnelle, tel amour secret ou telle faute secrète, telle « affaire secrète » politique ou militaire est bien un « secret », et nul n'a le droit de trahir ce qui lui a été confié sous le sceau du secret. Personne ne peut, même s'il le voulait, jeter un voile sur ce qui a été dévoilé ; on peut le transmettre, on peut le livrer au public, le « publier ». Mais un secret livré au public cesse d'être un secret.

Le « mystère de Dieu » n'est pas un cas particulier parmi de tels secrets. Son caractère caché a des racines plus profondes que l'ignorance de ceux qui ne le connaissent pas. Le mystère de Dieu ne cesse pas d'être un secret, même quand il a été révélé. Il reste invisible, indicible, incompréhensible, insondable et inaccessible.

Le mystère peut être confessé et proclamé, il peut même être « trahi », mais il ne peut pas être jeté sur la place publique.

S'il est donc difficile et ambigu de rendre le mot *mystèrion* par le mot français « secret », il est encore moins possible de le rendre par le mot « sacrement », si couramment employé par les théologiens. Lorsqu'au IIIe siècle le latin a remplacé le grec en tant que langue cultuelle de l'Occident chrétien, une juste intuition a poussé l'Église à garder le mot d'emprunt *mysterium*. Dans le chant de louange grandiose de la nuit pascale qu'est l'*Exultet*, les *divina mysteria*, les mystères de Dieu, sont liés à la jubilation pascale. Mais dans le langage théologique, il y a longtemps que le mot latin *sacramentum* a acquis droit de cité pour remplacer le mot grec *mystèrion*. Dans la traduction latine du Nouveau Testament, les deux mots *mysterium* et *sacramentum* ont d'abord la même signification, comme Odo Casel l'a souvent dit avec raison. Mais le concept spécifiquement romain de *sacramentum* a son poids propre, et son caractère, très juridique dès l'origine, le rend totalement inadéquat pour exprimer la plénitude et l'ampleur de ce que le Nouveau Testament entend par *mystèrion* ; celui-ci ne saurait donc être remplacé par *sacramentum* sans que le sens du passage en soit entièrement transformé et défiguré.

Le remplacement insuffisant et trompeur du concept *mysterium* par *sacramentum* a entraîné la disparition non seulement du mot, mais même de son sens dans la théologie occidentale. Quand on pense aux conséquences importantes de cette substitution, on ne craindra pas d'affirmer que cette traduction erronée est l'un des accidents les plus néfastes qui se sont produits dans l'histoire du langage chrétien et par là même de toute l'Église. Nous y voyons la source de bien des désastres théologiques dont les effets se prolongent jusqu'à nos jours. La Réforme a adopté le terme traditionnel de « sacrement », sans s'apercevoir qu'elle a ainsi préféré et placé au-dessus de l'Écriture une traduction humaine douteuse. Bien sûr, nous avons appris aujourd'hui à ne plus voir de contraste absolu entre l'Écriture et la tradition, et il serait théologiquement absurde et faux de condamner tout ce qui nous vient de la tradition de l'Église. Mais avons-nous le droit d'attribuer une position si dominante à un concept issu de la tradition de l'Église alors que, de toute évidence, ce concept se superpose à l'Écriture sainte elle-même et fausse son contenu comme sa pensée ? Il est vrai que le mot *sacramentum* n'est pas seul en cause. Si ce mot n'avait pas été introduit dans le vocabulaire de l'Occident, si le mot *mysterium* avait été maintenu en tant que mot d'origine étrangère, la façon de penser juridique romaine se serait emparée de ce mot, tout comme elle a employé et développé l'expression juridique de *sacramentum* dans sa signification juridique précisément. Mais parce que le mot *mysterium* n'est pas devenu un terme juridique, nous nous souvenons du sens original qu'il a dans le Nouveau testament et qui a été obscurci et supplanté par le mot *sacramentum*.

Bien que le mot « sacrement » n'ait pas d'équivalent dans la langue du Nouveau Testament, nous ne pourrons plus bannir le concept de sacrement du vocabulaire de l'Église. Mais pour ne pas nous égarer sans cesse dans un dédale, il faut que nous retraduisions délibérément ce mot en grec et que nous sachions que ce mot « sacrement » veut renvoyer au « Mystère », au mystère de Dieu, à Dieu en tant que mystère.

La présente étude tente de montrer quelles sont les conséquences de notre effort pour parler des mystères au lieu des sacrements et de comprendre ce que cela signifie.

PREMIÈRE PARTIE

LE MYSTÈRE EN TANT QUE MYSTÈRE DE DIEU

Le Mystère est le mystère de *Dieu*

Le Mystère est le mystère de *Dieu* et il désigne Dieu comme étant le mystère absolu. Cela veut dire d'abord que ce mystère n'a d'autre contenu que Dieu lui-même et les « mystères » de son Royaume (Mt 13, 11). Il ne donne donc pas d'informations secrètes sur les phénomènes terrestres offerts à notre observation et à nos interprétations (Jn 3, 12). Mais il ne s'agit pas non plus d'une connaissance de « mondes supérieurs », de l'accès à un « super-monde » que nos sens ne peuvent atteindre, de la révélation d'un monde d'objets « métaphysiques ». Dans cette perspective, le refus catégorique d'une compréhension métaphysique des mystères est pleinement justifié. Mais ce refus d'une théologie des mystères en tant qu'enseignement métaphysique signifie avant tout qu'il ne s'agit pas de spéculations quelconques au sujet de l'essence de Dieu en soi, de son être absolu ou d'un souverain bien ; il s'agit toujours et exclusivement de la démarche de Dieu en direction de l'homme et, par là même, en direction du monde. Il s'agit donc précisément de la rencontre avec Dieu. C'est ce que la Bible exprime par la double image d'une « parole » de Dieu adressée au monde et d'un « regard » de Dieu posé sur le monde. Car si le nom inexprimable de Dieu est décrit par la « face de Dieu » (hébr. *pené JAHWEH*), il ne s'agit pas de la « face », mais du « regard » de Dieu, et comme la « parole » ne peut pas être représentée par une image, le symbole baroque de l'œil de Dieu entouré d'un triangle pour signifier la Trinité est le signe impressionnant de cette approche de Dieu en direction du monde et de nous-mêmes.

Le contenu du Mystère, c'est donc d'abord l'expérience, qui, à la fois, nous ébranle et nous console, d'un regard posé sur nous, d'une parole à nous adressée. C'est l'action de Dieu dans le monde. Le Mystère est le mystère de la « révélation », le mystère de Dieu qui sort de son obscurité, le mystère de Dieu qui déchire les cieux et qui descend, dans toute la tension entre l'attente exprimée en Ésaïe 64, 1 et la grande frayeur qu'évoque le livre de la Sagesse 18, 14 s., le mystère de Dieu qui rencontre l'homme sur terre, qui lui dit son « nom » et se laisse interpeller par lui. L'expression imagée « le ciel s'ouvre au-dessus d'un homme » (Mc 1, 10 ; cf. Gn 28 ; Ac 7, 55) est l'expression mythique du fait que le grand Mystère se révèle pour cet homme à qui une parole décisive est adressée et qui jouit d'une vision décisive pour sa vie. Ce mystère de Dieu est totalement hors de notre « portée », et il est pourtant là pour nous – c'est là le caractère même du Mystère (Paul Schütz). On peut décrire d'une manière exacte et appropriée ce concept de « mystère » (qui nous est devenu étranger) en parlant de la « proximité de l'Inaccessible ».

Parce que le mystère de Dieu est le *mystère* de Dieu qui nous rencontre et qui se révèle à nous, le mystère (ce qui nous vient de la part de l'Inaccessible) ne peut jamais être théorique ou abstrait ; il est absolument simple et simpliste ; il est « ce qui est modeste et grandiose », pour parler comme Kerényi.

Mais le mystère est aussi le mystère de *Dieu*, ce qui veut dire : Dieu seul peut révéler *son* mystère, qui est lui-même. Aucun homme ne peut accéder à ce mystère de sa propre initiative aussi longtemps que Dieu ne lui ouvre pas lui-même la porte de la connaissance. Partout où parvient ce témoignage que Dieu se rend à lui-même, Dieu reste le sujet, au sens strict du mot, et même les prophètes, les prêtres et les apôtres, à qui Dieu a confié ses mystères, restent ses serviteurs qui prouvent leur fidélité (1 Co 4, 2) en ne témoignant que de ce qu'ils ont vu, en ne disant que ce qu'ils ont entendu et en ne transmettant que ce qu'ils ont reçu. Cette fidélité des « administrateurs » a son prototype dans l'attitude de Jésus lui-même : « Je dis ce que j'ai vu chez mon Père » (Jn 8, 38).

C'est pourquoi le mystère de Dieu n'est pas toujours accessible à la méditation attentive des profondeurs divines ou au pieux désir de s'y abîmer. Il n'est pas l'abîme insondable de toutes choses vers lequel nous pourrions descendre à partir de chaque lieu d'habitation ou de recherche, à la seule condition de faire preuve de patience et d'endurance. Le mystère de Dieu est plutôt un événement, un agir de Dieu dans l'histoire. Dans la conception biblique du monde, la relation entre le Mystère et l'ensemble du monde ne se présente pas comme une sphère dont le centre est à égale distance de chaque point de la surface, mais plutôt comme une surface qui s'étend des origines jusqu'à la fin, et qui est frappée et percée par l'éclair de la révélation en un seul point — ou tout au plus en quelques rares points. On peut compléter cette image par une autre : celle d'un feu souterrain qui a brûlé en secret dès les origines au-dessous des événements terrestres qui le cachaient, et qui jaillit soudain des profondeurs éternelles en un point précis — ou en quelques rares points. La première image montre que c'est le mystère du ciel qui s'ouvre pour certains hommes à des heures déterminées. La seconde signifie que ce mystère de Dieu était lié à ce monde dès les origines et qu'il y agit en tant que force vitale cachée. A partir de ce point, une lumière nouvelle rayonne sur le monde entier, vers l'arrière comme vers l'avant, en direction du passé comme de l'avenir.

Mais, pour éviter tout malentendu, il faut exprimer les choses avec encore plus de précision. Le mystère dont parle le Nouveau Testament et dont vit la foi chrétienne est le mystère de Dieu entré dans l'histoire. En tant que Fils éternel du Père et en tant qu'homme en même temps, le Christ est devenu notre frère et l'icône visible (Col 1, 15) du Dieu invisible. L'évangile de Jean (1, 51) explique ce mystère en montrant que le rêve de l'échelle de Jacob (Gn 28) est accompli, de sorte que les hommes « voient les anges de Dieu monter et descendre au-dessus du Fils de l'homme ». La communication entre le ciel et la terre, entre Dieu et le monde, la présence corporelle et constante de Dieu au milieu de nous est l'essence intime et le contenu véritable du Mystère. Cette liaison intime entre le ciel et la terre est le but de toute religion préchrétienne. Il est donc absurde d'établir une contradiction entre l'Évangile et toute « religion », et de prétendre que l'Évangile est « la fin de la religion ». Bien plutôt, toute religion, même dans les formes qui nous paraissent les plus étranges, est orientée vers ce Mystère qui a pris forme dans l'Évangile de Jésus-Christ. Le chapitre 2 de l'épître aux Éphésiens déploie ce Mystère en des accents hymniques : « des deux, Christ n'en a fait qu'un » ; non seulement la ligne de démarcation entre le peuple de la révélation et les peuples païens est supprimée, et les deux sont reliés dans l'unité du corps du Christ, mais, de plus, la frontière infranchissable qui sépare Dieu et le monde est supprimée ; l'hostilité objective est surmontée ; le monde est réconcilié avec Dieu et l'accès au mystère de Dieu est ouvert [1].

Mais cette alliance entre le ciel et la terre – cette union entre Dieu et l'homme – est liée à la réalité historique et au sacrifice corporel du Christ. Depuis les Athéniens jusqu'à toutes les variantes de l'idéalisme spiritualiste, la pensée naturelle de l'homme s'est toujours révoltée contre la prétention selon laquelle le mystère de Dieu doit être enfermé et repérable dans une figure concrète et unique de l'histoire, au lieu de sommeiller partout et toujours dans l'abîme profond de toutes choses. C'est contre cette prétention que protestent les Grecs religieux, quand ils contestent la prédication de l'apôtre relative à « un homme » et à « un jour » (Ac 17, 30). Cette protestation ne peut pas prendre fin tant que l'on est prisonnier d'une conception du temps vu comme un enchaînement de moments égaux et d'égale valeur, où chaque lieu dans l'espace humain, chaque heure dans le déroulement de l'histoire sont également proches et également éloignés du mystère « transcendant » – en d'autres termes : d'une conception où le « temps » n'est pas compris comme une histoire réelle, orientée vers un but, mais comme le retour cyclique de rythmes infinis. Car, alors, le mystère de Dieu reste le mystère caché et jamais révélé qui nous entoure de toute part sans jamais nous rencontrer. Ce Dieu toujours insaisissable, toujours caché et anonyme, est pour Luther l'horreur même, le fantôme obsédant. Mais le mystère de Dieu prend une forme concrète et unique, et l'heure du « temps accompli » ne peut être remplacée par aucune autre heure. Le mystère est histoire, c'est pourquoi il participe au caractère unique et effrayant, chargé de responsabilité, incomparable et irréversible de toute histoire authentique. Dès maintenant, il faut relever combien, à la différence des mystères hellénistiques, le concept biblique de Mystère plonge ses racines dans la conception hébraïque du *temps*, si différente de la conception grecque du *monde*, qui ignore au fond le temps en tant qu'*histoire*. Si Dieu est le mystère absolu, il est en même temps le mystère de l'histoire, et c'est dans l'histoire que surviennent la vision et les paroles de Dieu, par lesquelles son mystère s'approche de nous.

Cette histoire unique, dans laquelle le mystère de Dieu s'est révélé, a une portée universelle dans un double sens.

1. Cf. cette parole de Johann Albert Bengel qui éclaire bien le concept du Mystère : *Actio in coelo includit actionem in terra* (Ce qui se passe dans le ciel se passe en même temps sur la terre).

Dans l'unique, le tout est contenu. Il ne s'agit pas d'un événement unique et isolé ; il ne s'agit pas d'un « fait historique fortuit », comme Lessing le pensait. Non, mais dans ce point unique, le faisceau des mystères divins est tout entier rassemblé comme dans son foyer. C'est sans doute pour cette raison que saint Paul peut parler indifféremment *du* Mystère et *des* mystères de Dieu. C'est là probablement le sens du mot intraduisible *plèroma* : c'est l'espace plein où un tout est enfermé. Ce n'est pas la somme de nombreux éléments ; c'est un tout complet, où toutes les puissances du ciel et de la terre sont concentrées.

Il convient de faire appel ici au concept de *repraesentatio*. Ce terme latin est mieux adapté que le mot « représentation » dont les sens divers peuvent conduire à des malentendus. *Repraesentatio* veut dire que ce qui est éloigné de nous dans l'espace *ou* dans le temps (ou en même temps dans l'espace *et* dans le temps) devient présent *hic et nunc*, dans le sens plénier d'un événement actuel. Tandis que notre intelligence ne connaît qu'un « à côté » spatial et qu'un « après » temporel, la différence et la distance entre l'espace et le temps sont ici supprimées, et, dans l'Unique, tout participe à la pensée, à l'action, à la décision. Le mystère de Dieu qui est apparu en Jésus-Christ homme est à l'œuvre dès le premier jour de la création. « Abraham a vu mon jour, il s'est réjoui » (Jn 8, 56). Ici, ce qui était au commencement, avant le début du temps, est apparu, et en même temps a commencé le monde nouveau où il n'y aura plus de temps (Ap 10, 6). Là où ce mystère est annoncé, les hommes apprennent que la décision prise par Dieu « avant que les montagnes soient nées et qu'il ait donné un commencement à la terre et au monde » (Ps 90, 2) comprenait aussi le fait que les hommes étaient destinés à célébrer sa gloire (Ep 1, 12) ; ils sont alors orientés vers le but ultime de toutes choses et ils vivent dans l'attente d'un monde à venir. Quand l'homme entre en contact avec le mystère de Dieu, il est inséré avec toute son existence dans une vie nouvelle, et même la nature extérieure à l'homme, l'ensemble du monde créé, attend d'être entraînée dans la nouvelle création qui commence avec le Mystère pour le monde entier. « La création attend avec un ardent désir... d'avoir part à la liberté glorieuse des enfants de Dieu » (Rm 8, 19.21). Et même – idée audacieuse et grandiose – l'existence sur terre d'un lieu où le mystère est annoncé se reflète dans le monde des êtres célestes : « Les anges désirent y plonger leurs regards » (1 P 1,12), et les puissances angéliques dans les lieux célestes doivent reconnaître la richesse et la splendeur de la sagesse divine dans la vie de l'Église sur terre.

D'un autre point de vue encore, l'unicité du Mystère signifie autre chose que ce qu'un malentendu rationnel en a fait, autre chose qu'un « événement historique » capable d'être conservé, dans son unicité, par la mémoire des hommes. En pensant à son propre ministère, l'apôtre Paul parle d'une « administration » des mystères de Dieu (1 Co 4, 1) : *oikonomia*, que les Allemands traduisent par *Haushalterschaft* et les anglophones par *stewardship*. L'épître aux Éphésiens (3, 9) reprend cette expression en relevant surtout que les apôtres ont le devoir de faire connaître à toutes les nations le sens et la portée de cette « administration » ou diffusion des mystères. En traduisant ce terme par *Gemeinschaft des Geheimnisses* (participation au mystère), Luther n'a pas rendu compte de la dynamique particulière de cette expression et il a gommé son rapport avec 1 Co 4, 1. Cette *oikonomia* est le plan de Dieu pour le monde, qui a pour but de réaliser ce mystère dans l'histoire. Cette réalisation commence dès la création du monde elle implique tellement l'histoire de Dieu avec son peuple, la vie terrestre du Christ depuis sa naissance jusqu'à sa résurrection et à son ascension, que, dans le vocabulaire des Pères de l'Église, le mot *oikonomia* désigne cette histoire du salut elle-même. Clément d'Alexandrie peut appeler la mort du Christ « l'heure de l'*oikonomia* ».

Il faut cependant ajouter que ce mystère de Dieu continue à agir dans le déroulement de l'histoire, qu'il trouve à se loger dans l'espace terrestre, qu'une communauté d'hommes qui écoutent et qui voient, qui croient et qui attendent, se rassemble autour de ce mystère, jusqu'à ce que vienne la fin où le mystère de Dieu lui-même sera accompli (Ap 10, 7). Le Mystère cherche des hommes à qui il peut être communiqué, parce qu'il leur est destiné. Mais il ne peut pas leur être communiqué par les méthodes qui servent à dire, à communiquer et à annoncer ce qui était auparavant un secret. Le mystère de Dieu est la présence même de Dieu parmi nous. « Entendre » ce mystère, c'est être saisi par lui, lui obéir, lui être soumis. Les épîtres du Nouveau Testament expriment cette vérité en utilisant une image spatiale ; l'existence chrétienne y est décrite comme un « être en Christ ». C'est un « espace du Christ » dans lequel se trouve placé l'homme qui croit en Christ, c'est une sphère dans laquelle il vit désormais. La connaissance du Christ n'est donnée qu'à celui qui *est* et qui *vit* dans ce mystère (Ep 3, 4 s.). Mais cette image spatiale est l'objet d'un curieux renversement. Le Nouveau Testament dit à la fois que le Christ vit en nous et que nous vivons en lui. Il faudra parler avec plus de détails de cela dans un autre contexte. Contentons-nous de rappeler ici le passage qui exprime cette réciprocité d'une manière classique (Ep 3, 17 s.) en disant que le Christ habite dans nos cœurs pour que nous soyons capables de comprendre avec tous les saints quelle est la largeur, la longueur, la profondeur et la hauteur de l'espace où nous sommes entrés. Voilà le but de l'*oikonomia* de Dieu. Le mystère de Dieu est le mystère *de Dieu* et il préserve son caractère caché, mais il s'ouvre toujours de nouveau à ceux qui sont prêts à entrer dans cet espace et à participer à ce qui les y attend.

Pour éviter des malentendus courants, cette *repraesentatio* du Mystère, cette participation dans le temps présent au mystère de Dieu, doit être examinée de plus près dans trois directions. Le concept de Mystère et l'emploi de ce mot dans le Nouveau Testament ne permettent pas de comprendre qu'il ne s'agit pas de l'Être de Dieu en soi, ni d'un *agir quelconque de Dieu*, mais que ce Mystère se réfère strictement au salut de l'homme, à sa délivrance d'un ultime danger, ou, pour employer un langage mythique, à sa délivrance au moment du jugement dernier. Le mystère de Dieu est le mystère de sa grâce ; l'annonce de ce mystère est « Évangile », bonne nouvelle, annonce de ce que Dieu a fait pour sauver le monde et de ce qu'il continue à faire sans cesse. C'est dans l'Évangile que se déploie l'*oikonomia* de Dieu.

Une seconde remarque s'impose. De même que le contenu du Mystère est une histoire, l'agir de Dieu dans l'histoire, cette *oikonomia*, la diffusion de ce Mystère, est elle-même un événement historique. Le Mystère auquel nous participons n'est pas l'être « éternel » et immuable de Dieu ; il est sa puissance agissante. Il n'est pas une vision d'idées éternelles ; il est la présence agissante de Dieu, *hic et nunc*. Ici et maintenant, nous faisons l'expérience de la présence de Dieu dans notre vie. C'est pourquoi le mystère de Dieu ne peut jamais devenir un « acquis » spirituel que nous posséderions une fois pour toutes. Au contraire, de même que, dans sa célébration de la Pâque, l'Église ancienne n'a pas célébré séparément la mort d'abord, puis la résurrection du Christ, mais son passage à travers la mort vers la vie, de même le mystère de sa présence porte la marque d'un « événement en passant » et se refuse à toute considération contemplative d'un être infini.

La réalité de ce qui se révèle à nous dans le Mystère n'est pas pour autant supprimée. Nous ne la comprenons pas par nos sens, mais elle n'est pas moins réelle que ce que nous percevons comme réel dans le domaine physique. Il ne s'agit nullement d'une simple « représentation » du mystère du Christ dans notre imagination ou dans un jeu scénique. La Passion d'Oberammergau n'est pas un « mystère », même si elle peut éveiller chez certains spectateurs une idée des événements dans lesquels le mystère de Dieu a pris forme dans l'histoire. Mais ce Jeu de la Passion, de même que certaines œuvres d'art chrétiennes, risque de fixer l'attention sur des représentations sensuelles où le Mystère lui-même n'est pas seulement révélé, mais en même temps caché.

En bref, tout ce que nous avons dit sur l'*oikonomia* des mystères de Dieu signifie que nous participons au Mystère dans une histoire qui avance vers un but. C'est pourquoi nous pouvons et nous devons parler du caractère « eschatologique » aussi bien du Mystère que de sa diffusion et de sa transmission. Le Mystère *de Dieu* qui est et qui était et qui vient.

LE MYSTÈRE EST LE *MYSTÈRE* DE DIEU

Au début de ce livre nous avons montré qu'à la différence du *sacramentum* latin le mot *mystèrion* désigne une manière d'être. Il est temps maintenant de nous souvenir plus particulièrement de cet aspect-là du Mystère et de contempler son caractère « mystérieux » (s'il est permis d'user de cette tautologie).

Le Mystère est un espace qui n'est pas accessible à toute tentative impétueuse de la recherche humaine. Il se ferme même entièrement à celui qui voudrait y pénétrer sous l'impulsion d'une curiosité profane. Annoncer le Mystère, c'est donc annoncer ce qui, au fond, est et reste indicible. Toute parole sur le Mystère reste balbutiement parce qu'aucun mot ne saurait décrire ou épuiser celui-ci. Le Mystère n'a pas son origine dans le monde des objets visibles ; il n'habite pas un édifice bien ordonné de connaissances raisonnables et démontrables. Il ne saurait être l'objet d'un raisonnement logique et il fait éclater tous les cadres qu'un ordre logique, moral ou philosophique voudrait lui imposer. C'est pourquoi toute tentative d'exprimer le Mystère en termes rationnels arrive forcément à un point où on ne peut plus parler qu'au moyen de paradoxes scandaleux ou irritants. « Un mystère authentique est vécu dans une attitude exactement opposée à l'attitude de la connaissance rationnelle » (Paul Tillich). Nous montrerons plus tard que cette opposition ne doit pas être considérée comme absolue, mais qu'elle doit être complétée par un certain nombre de réflexions.

Si, d'après Martin Grabmann, c'est le propre de la méthode scolastique de nous donner une connaissance aussi exacte que possible des vérités de la foi en utilisant la raison et la philosophie pour rendre la réalité suprarationnelle accessible à l'homme pensant, cette scolastique (ancienne ou nouvelle, catholique ou protestante) ne saurait saisir avec précision le caractère mystérieux du Mystère. Car le Mystère en tant que tel se refuse à toute réflexion purement rationnelle. Il ne peut être ni expliqué ni rendu compréhensible par une quelconque explication. C'est pourquoi tout discours authentique sur le mystère de Dieu doit prouver son authenticité par une modestie ultime, sachant que toutes nos paroles sont insuffisantes et ne peuvent jamais prétendre décrire de manière adéquate leur objet, qui n'est précisément pas un « objet ». Pour cette raison, le signe et le symbole sont seuls capables de témoigner de ce mystère ou d'y donner accès. Il est vrai que celui qui dévalorise le symbole en le faisant précéder des mots « rien que » (rien qu'un symbole) prouve qu'il n'a pas du tout compris ce qu'est un symbole au sens strict de ce terme, parce que, dans le symbole, le sens du symbole est lui-même présent et actif.

La méthode scientifique rationnelle implique la définition. Définir quelque chose signifie littéralement en faire apparaître les limites exactes et les distinguer ainsi de tous les autres contenus de notre pensée et de notre vie. Mais cette manière de procéder ne peut pas s'appliquer au *Mystèrion*, au mystère de Dieu. Qu'y a-t-il de commun entre toutes les définitions philosophiques de la foi et la foi en Dieu ? Ici apparaissent clairement les raisons pour lesquelles le concept romain de *sacramentum* ne peut pas rendre ou remplacer le concept biblique de *mysterium*. Le sacrement peut être défini, à partir de son origine, comme un concept militaire (le mot signifie aussi « serment de fidélité au drapeau ») ou juridique ; on peut aussi compter combien il y a ou combien il peut y avoir de sacrements, alors qu'il serait évidemment absurde de demander combien de mystères du Royaume de Dieu Jésus voulait révéler à ses disciples ou combien de mystères l'apôtre Paul avait à « administrer ». Le souvenir du concept biblique de Mystère a empêché d'établir jusqu'à la fin du premier millénaire une énumération des sacrements, même dans les pays où le latin dominait.

Sacramentum non ponit in numero ne veut pas dire qu'il y a de très nombreux sacrements, mais qu'il est absurde de les compter et d'en limiter le nombre. Dans l'*Apologie de la Confession d'Augsbourg*, Melanchthon écrit fort judicieusement (art. XIII,17) :

> Aucun homme sensé ne s'engagera dans une dispute sérieuse au sujet du nombre des sacrements *(nemo vir prudens de numero aut vocabulo [sacramentorum] magnopere rixabatur)*

– et encore Melanchthon ne s'est-il peut-être pas rendu compte du fait que cette phrase ne visait pas à proprement parler les sacrements, mais les mystères.

Lorsque saint Paul qualifie sa prédication de « sagesse » (en distinguant, il est vrai, cette sagesse-là de la sagesse philosophique), il emploie l'expression très profonde (1 Co 2,7) : « Nous exprimons la sagesse de Dieu *en mystèrio.* » Cela veut dire : nous ne pouvons et ne voulons l'exprimer que sous la forme d'un mystère, donc de telle manière que notre discours soit un discours mystérique qui participe au caractère caché du Mystère. Nous ne pouvons pas faire comprendre cette sagesse à tous les hommes sans exception, même à ceux qui ne s'y sont pas ouverts ni préparés.

Ce *en mystèrio* ne devrait pas être oublié quand on s'efforce de présenter une nouvelle traduction de l'Écriture sainte. On commettrait une dangereuse erreur en pensant pouvoir rendre accessible le contenu de la Bible aux hommes d'aujourd'hui en l'adaptant à l'entendement humain et en l'exprimant dans le langage qu'utilisent aujourd'hui les écoles ou les journaux. Une telle entreprise consisterait à confondre stupidement la profondeur du mystère et l'incompréhensibilité. C'est en vérité un besoin vulgaire que de vouloir rendre tout accessible à tous et de renoncer, dans ce but, à la profondeur « magique » du langage. Sans la profondeur que la pensée purement rationnelle ne saurait sonder, le langage, et même le langage de la prédication, devient ennuyeux et perd tout intérêt ; il a cessé d'être le langage du Mystère, de parler *en mystèrio*.

La préposition *en* qui est employée ici peut signifier, de plus, que nous ne pouvons dire ce qui nous a été confié que comme des hommes qui vivent eux-mêmes *en mystèrio*, dans l'espace de ce Mystère, qui y participent et ne parlent donc pas seulement « au sujet » de cette réalité, mais à partir de cette sphère. L'essence du Mystère, c'est qu'il ne peut être reconnu du dehors, dans l'attitude du spectateur, du chercheur critique, mais que – comme un château de légende avec ses trésors cachés, comme une montagne avec ses grottes souterraines – il n'ouvre ses portes secrètes qu'à celui qui l'accueille et qui connaît « du dedans » la largeur et la longueur, la hauteur et la profondeur de l'espace qui l'a accueilli. Mais les initiés n'ont aucune possibilité de montrer ou de faire comprendre à un étranger ce qu'ils ont eux-mêmes vécu et reçu. On ne saurait connaître le mystère de Dieu sans avoir été admis à y participer.

Dans l'Église ancienne, la discipline de l'arcane, qui excluait de toute publicité certaines formes et certaines formulations de la foi ou de la prière, en les soumettant à une sévère loi du silence, ne résultait pas de la peur inspirée par l'État romain ; elle voulait empêcher le langage de la foi de devenir une simple communication, dénuée de toute participation intime et de tout engagement personnel. Elle exigeait donc que la confession de foi ne soit pas récitée, mais priée. De même, le Notre Père ne devait être prononcé que comme une vraie prière et les paroles d'institution de la Sainte Cène ne devaient être dites que par ceux qui y participaient de manière responsable. Nous pourrions donc dire que la discipline de l'arcane voulait garantir le caractère mystérique du langage chrétien.

Il n'est sans doute pas inutile de garantir cette remarque sur le caractère mystérique du langage chrétien contre un malentendu facile. S'il est vrai, comme le suppose Dekker, un élève de Casel, que l'adjectif « mystique » ne se réfère pas à la mystique mais au mystère, ce mot oblige à préserver respectueusement le caractère du Mystère, alors que ce mot désigne aujourd'hui de manière globale tout ce que l'homme ne comprend pas, parce que cela est à proprement parler « mystique ». Cet usage du mot est aussi absurde que l'habitude d'appeler « tragique » n'importe quel accident regrettable.

Or, le caractère mystérique de la connaissance et du langage chrétiens est doublement menacé aujourd'hui. Il est en quelque sorte tombé dans un *no man's land*, de part et d'autre duquel deux tendances s'opposent plus ou moins violemment dans l'Église et dans la théologie protestantes. D'un côté se trouvent ceux pour qui tout discours doit être soumis à la soi-disant conception scientifique du monde et à la pensée rationnelle à laquelle nous serions, dit-on, inconditionnellement et irrévocablement liés. Pour les tenants de cette opinion, seule est une réalité pleinement valable ce qui peut être l'objet de la recherche scientifique et ce qui peut être rendu évident grâce à des arguments rationnels. Cette manière de penser exclut totalement l'existence et même la possibilité du mystère, ce dernier étant, par essence, une énigme insoluble. Si tout ce qui dépasse le cadre d'un monde susceptible d'être saisi et expliqué rationnellement doit être éliminé comme « mythique », le désir de rendre toute réalité transparente et compréhensible est certes satisfait, mais à quel prix ! On élimine les miracles, les apparitions angéliques, la résurrection et l'ascension, mais un christianisme ainsi épuré a cessé d'être un mystère. Cette pensée rationnelle et « scientifique », qui n'a et ne veut avoir aucun respect pour le mystère, prétend tout régenter, mais elle est mortelle pour la foi chrétienne ; elle crée même une atmosphère irrespirable pour l'homme en tant qu'homme.

De l'autre côté se trouvent ceux qui veillent avec zèle et même avec jalousie au maintien de tout ce qui est miraculeux dans la Bible et qui refusent de le sacrifier à la raison. Ceux-là oublient et même nient expressément que le Mystère ne peut jamais être exprimé de manière adéquate pour la simple raison qu'on ne peut parler du mystère de Dieu qu'*en mystèrio*. Ils tentent alors de maintenir certaines affirmations ou certains « faits » bibliques et ils les défendent avec une telle assurance contre tous les doutes, toutes les interprétations, toutes les atténuations, qu'il ne reste plus nulle place pour aucun « autre évangile ».

Ces deux tendances antagonistes se rejoignent inconsciemment dans une attitude « antimystérique ». Les uns pensent ne pouvoir tenir pour vrai que ce qui est éclairé et prouvé par la raison et qui se laisse donc intégrer dans une conception du monde purifiée par la science. Les autres veulent sauver et conserver ce qui est abandonné par les premiers, mais ils en parlent avec trop d'assurance, comme s'il ne s'agissait que de vérités évidentes et inébranlables et non pas de mystères dont on ne peut parler qu'*en mystèrio*, sous la forme d'un discours mystérique sobre et modeste. Le Mystère s'est perdu entre ces deux tendances contraires et il ne trouve son lieu ni dans l'une ni dans l'autre.

La croyance en la science et la domination absolue de la pensée rationnelle sont pour ainsi dire le mythe de notre siècle, et le fait de lutter contre tous les éléments « mythiques » de l'Écriture comme celui d'ignorer l'image et le symbole en tant que seuls moyens d'exprimer de façon adéquate les contenus de la foi représentent deux manières de penser dominées par ce mythe. Elles montrent toutes les deux combien nous sommes subjugués par ce mythe et combien nous avons perdu le sens du Mystère. La

« démythologisation » ne nous protège nullement contre la menace que représente ce nouveau mythe.

Le Mystère et les mystères préchrétiens

Essayer de remettre en honneur le message biblique du Mystère face à tous les principes théologiques dont la prédominance évacue le Mystère nous expose à une objection qui revient sans cesse. Parler des mystères nous amène, nous dit-on, à nous rapprocher dangereusement des mystères préchrétiens, en particulier des mystères grecs, ce qui nous induit toujours en tentation de comprendre et de fausser l'Évangile dans le sens des cultes à mystères préchrétiens. Odo Casel, le fondateur et le porte-parole de la théologie des mystères dans l'Église catholique romaine, s'est, lui aussi, trouvé souvent exposé à ce reproche et il a énergiquement défendu le mot « mystère » contre cette accusation. Certes, on ne saurait nier que le mot *mystèrion*, qui joue un rôle si éminent dans le Nouveau Testament, n'a pas d'antécédents dans le judaïsme où il apparaît seulement dans les écrits les plus récents, déjà influencés par l'hellénisme. Ce mot a son origine dans le monde grec et il représente un héritage grec recueilli par le christianisme naissant. Odo Casel a noté dans ses livres quantité de détails relatifs à ces mystères préchrétiens et il en a relevé les parallèles dans la pensée chrétienne et dans l'agir cultuel de l'Église. Lorsque l'on rencontre pour la première fois de tels détails concernant les mystères d'Attis ou de Mithra, on peut à juste titre être effrayé par ces parallèles et on comprend que les Pères de l'Église ancienne y aient souvent vu des contrefaçons diaboliques des mystères chrétiens (bien qu'il s'agisse de mystères *pré*chrétiens). Jusqu'à nos jours, le rejet de la notion biblique de Mystère provient pour une large part du souci que l'on a d'écarter, en même temps que ce mot mal famé de *mysterium*, un élément étranger à la conception même de la foi chrétienne. Odo Casel, quant à lui, était persuadé qu'il était possible et judicieux d'éclairer la compréhension de l'événement du Christ et de l'Église chrétienne par le concept de « mystère » tel qu'il provient de l'histoire des religions. Ce faisant, il pouvait, à juste titre, se réclamer de l'apôtre Paul et d'autres auteurs néotestamentaires, alors que l'attitude antimystérique de nombreux milieux théologiques s'y réfère à tort. Paul et les autres auteurs auraient-ils parlé sans hésitation des mystères du Christ, du mystère de Dieu, s'ils n'avaient pas été persuadés que ce monde des mystères leur offrait un schéma de pensée et d'expérience particulièrement propre à dire ce qui s'était passé avec l'apparition de Jésus-Christ et ce qui continue à se passer dans la sphère d'action de son Esprit ? En parlant du Christ comme du Mystère caché depuis les origines du monde et maintenant manifesté, et en désignant le Christ lui-même comme le mystère de Dieu, ils s'élevaient contre toute tentative de dissoudre leur message en une simple tradition didactique, semblable à celle des écoles de philosophes, répandues dans le monde d'alors. Décrire la foi naissante dans le Christ comme « un chemin » (Ac 9,2 : 24,11) correspond exactement au fait que les mystères se présentaient comme un chemin sur lequel on pouvait acquérir des expériences qui n'ouvraient pas seulement l'esprit à des idées nouvelles, mais qui situaient l'homme tout entier dans un contexte existentiel nouveau. En tant que préparation à ce chemin expérimental, l'« initiation » qui caractérise toutes les religions à mystères correspond à plus d'un point de vue à la notion du baptême conçu comme une initiation sans laquelle personne n'était admis aux mystères de la foi chrétienne proprement dits, à savoir à la célébration de l'eucharistie.

Mais ce qui est décisif, c'est que la célébration liturgique des cultes à mystères garantissait la participation à la vie de la divinité en l'honneur de laquelle ils étaient célébrés ; c'est que la mort et la résurrection de la divinité, d'Attis, de Mithra et d'autres encore, étaient « représentées » au cours de la liturgie ; c'est enfin que l'initié était associé au destin du dieu par la rencontre liturgique et qu'il participait ainsi à une forme de vie qui dépasse la vie naturelle. Dans les mystères comme dans le culte chrétien, un repas, l'absorption d'une nourriture sainte, accompagnée de paroles de consécration (donc une sorte d'incantation), garantissaient cette communauté de destin avec le dieu et la participation à sa mort et à sa vie. Dans d'autres mystères, cet effet était obtenu par une mise en scène symbolique de la mort. C'est précisément cette association au destin, à la mort et à la résurrection d'un dieu, qui venait étancher la soif de rédemption qui habitait le monde antique finissant et qui assurait aux mystères un succès et une faveur que nous avons de la peine à imaginer.

Il serait absurde de nier le lien qui existe entre les énoncés néotestamentaires relatifs au mystère de Dieu et les mystères hellénistiques, et de se fermer à l'enseignement que nous pouvons en tirer pour mieux comprendre le mystère du Christ. La tendance qui existe à nier ou du moins à mépriser ce lien montre que, même dans les Églises issues de la Réforme, une certaine tradition chrétienne voudrait comprendre et interpréter la vérité des mystères préchrétiens comme une doctrine philosophique plutôt que comme un chemin permettant de pratiquer et de réaliser cette vérité. Quiconque considère l'enseignement comme plus important que l'initiation à un cheminement déterminé (comme si une instruction religieuse pouvait valablement remplacer une véritable initiation) ne sera sans doute pas prêt à comprendre son ministère comme un appel à communiquer des mystères ; il verra bien dans les paraboles de Jésus une illustration de la vérité qu'il annonce, mais il n'y verra pas un discours mystérique qui cache et qui doit cacher en même temps ce qu'il révèle. En parlant des mystères de Dieu, le christianisme primitif n'a pas seulement adopté le mot *mysterium*, mais il a hérité de l'hellénisme toute une manière de penser et de vivre sa foi.

Il serait cependant tout aussi absurde et faux d'oublier que ce mystère a reçu un contenu nouveau. Les dieux des mystères étaient des divinités de la nature ; leur mort et leur résurrection étaient l'alternance rythmique du devenir, du dépérissement et du renouveau, inhérents à tout ce qui vit. La religion du monde grec était déterminée par la foi en un ordre préexistant et durable du cosmos et elle n'avait pas d'autre but que d'insérer et d'incorporer les hommes à ce cosmos et à ses *lois* « divines ». Les mystères ne pouvaient et ne prétendaient donc pas promettre à leurs « initiés » autre chose que cette participation aux lois du cosmos et l'insertion dans l'alternance du devenir et du renouveau, dans le rythme de toute vie. Le printemps était le signe cosmique du dieu qui ressuscitait, et c'est dans ce sens que l'on pouvait dire aux fidèles, lors de la fête du printemps des mystères d'Attis par exemple : « Prenez courage, initiés du dieu sauvé, car c'est de lui que vous vient le salut. »

Toute religion de la nature est circulaire et donc ahistorique. La grande différence qui sépare la pensée hébraïque vétérotestamentaire de la pensée grecque n'apparaît nulle part aussi clairement que dans la relation différente que ces deux pensées ont avec le temps. En faisant du cosmos une réalité statique, la pensée grecque n'a pas de véritable relation avec l'histoire ; au-dessus des changements et des alternances du devenir temporel siège l'« éternité », aussi bien de l'ordre cosmique que de l'idée pure. Dans la

Bible il n'est pas question d'éternité au sens grec, parce que la pensée hébraïque a toujours en vue l'événement dynamique et jamais l'être statique. Les mystères grecs permettent à leurs adeptes de transcender le devenir mouvant en les faisant participer aux rythmes éternels du cosmos où il ne se passe rien de nouveau et donc, au fond, rien du tout. Contrairement à cette manière de voir, le mystère de Dieu est son agir dans l'histoire, et le Mystère est la plénitude de ce que Dieu a fait depuis les origines et de ce qu'il fera jusqu'à la fin des temps pour le salut du monde. Le mystère chrétien permet au croyant de participer à la mort et à la résurrection du Christ, à cet événement unique qui veut maintenant agir et se réaliser en lui et pour lui. Alors que les mystères grecs célébraient solennellement l'éternelle alternance de la mort et du renouveau, les mystères chrétiens font participer les croyants à une vie qui n'est plus soumise à cette alternance, à l'instar du Christ lui-même qui est mort et ressuscité une fois pour toutes et qui est entré dans une vie qui n'est plus soumise à la mort.

C'est pourquoi, à la différence du mystère grec, seul le mystère chrétien peut vivre dans une tension « eschatologique » vers un but ultime et définitif. Les ressemblances frappantes ne doivent pas nous tromper. L'appel au courage qui retentit dans les mystères d'Attis est radicalement différent de ce que chantent les hymnes chrétiens de Pâques et de ce qu'attend l'espérance chrétienne.

Le Mystère chrétien vit donc dans une tension singulière. Il a hérité du monde hellénistique un schéma de pensée et de vie, mais il y a inséré l'héritage de l'Ancienne Alliance et les contenus historiques de ce qui est arrivé lorsque les temps furent accomplis. Le Mystère chrétien est un mystère de la rédemption, parce qu'il n'y a de vraie rédemption que dans la participation à la mort et à la résurrection du Christ et non pas dans l'alternance éternelle des processus naturels. Il n'est donc pas exagéré de dire que le mystère du Christ accomplit et achève ce que les mystères hellénistiques visent sans pouvoir le réaliser. Le *regnum Christi* est le seul lieu du vrai mystère en tant que mystère de la rédemption. Ce nouveau contenu qui remplit une forme héritée du passé caractérise d'une manière générale la relation entre le christianisme et toute religion préchrétienne. « Les mystères grecs sont le vêtement troué dans lequel s'enveloppe le mystère du Christ » (Wilhelm Maurer).

Luther et le Mystère

On fait à la remise en valeur du discours biblique relatif au Mystère une seconde objection. On nous reproche de renier l'héritage de la Réforme en préconisant une manière de penser étrangère aux Réformateurs et qui devrait donc rester étrangère à leurs fils spirituels. En effet, les deux tendances antagonistes dont nous avons parlé et qui se rencontrent dans une même attitude anti-mystérique semblent pouvoir légitimement se réclamer de la tradition protestante dans laquelle le mot « mystère » n'a joué aucun rôle, ou du moins aucun rôle dominant. Certes, nous ne pensons pas que les prises de positions polémiques du XVIe siècle ou la théologie de Martin Luther constituent une loi inamovible pour la foi et pour la pensée théologique, comme l'est la pensée du Nouveau Testament. Mais, s'il est vrai qu'en revalorisant le concept biblique de Mystère nous nous éloignons des usages du luthéranisme, il nous tient cependant à cœur de dire que nous ne nous éloignons pas de Luther lui-même ; bien au contraire, nous reprenons l'une de ses préoccupations essentielles. C'est un fait que la Réforme a adopté sans difficulté le concept de sacrement, provenant de la théologie médiévale, sans se rendre compte de la préférence qu'elle accordait ainsi à une tradition humaine contestable, au lieu de demeurer fidèle à son dessein authentique de renouveler l'Église à partir des saintes Écritures et de la pensée biblique. Nous avons, il est vrai, appris avec reconnaissance à ne pas opposer purement et simplement l'Écriture et la tradition et nous savons que la Réforme — la Réforme luthérienne tout au moins — a conservé sciemment beaucoup d'éléments venus de la tradition et qui n'ont aucune justification biblique, à condition qu'ils ne contredisent pas l'Écriture. Nous savons aussi que l'attention de Luther et de ses collaborateurs était, à juste titre, retenue par d'autres points essentiels pour la compréhension de l'Évangile et que la théologie des mystères des premiers siècles était trop éloignée d'eux dans le temps et trop étrangère à leurs préoccupations pour leur permettre de reconnaître l'écart qui séparait la doctrine occidentale du sacrement et cette théologie des mystères. Nous ne pouvons cependant pas accepter qu'un élément si important de la pensée biblique ait échappé au regard d'une Église qui se réclame de la Bible et qu'il se soit ainsi perdu. Parce que nous sommes fidèles à la Réforme, nous ne nous sentons pas seulement autorisés, mais obligés à revenir sur ce point à l'Écriture sainte elle-même et à critiquer à partir d'elle l'évolution qui a écarté la notion biblique de Mystère pour la remplacer par une conception du sacrement qui porte l'empreinte de Rome.

Nous avons le droit et le devoir d'agir ainsi parce que le mot « mystère » et la réalité qu'il recouvre étaient moins éloignés des préoccupations de Luther qu'il n'y paraît au premier abord [2]. Luther savait bien que le Mystère était une manière de penser biblique, familière à l'Église ancienne, et il s'est servi du mot « mystère » en différentes occasions, « sans hésiter mais sans le mettre en relief » (W. Maurer). Parce qu'il sait aussi que dans le langage du Nouveau Testament *mystèrion* et (dans la version latine) *sacramentum* sont synonymes, il parle souvent du sacrement en pensant au mystère. Pour parler des mystères, il emploie d'autres expressions telles que les *mirabilia Dei* (qu'il distingue soigneusement des *miracula*), les *coelestia*, les *spiritualia*, etc. Comme Luther n'a pas pris en considération et analysé la théologie préscolatique de l'Église ancienne du point de vue de la théologie des mystères, on peut trouver chez lui de nombreux développements qui traitent en fait d'une théologie du Mystère, mais sans la nommer. Il y a cependant au moins un passage où Luther affirme avec force la nécessité de parler des « mystères ». Dans la préface à l'apostille de Spangenberg (1543 ; W.A. 53, p. 216 s.) il écrit en effet :

> Comme nos ancêtres nous ont légué ce mystère, bien qu'il ait été cruellement saccagé par le pape, nous le leur léguons.

Et il poursuit :

> Il y a longtemps, quand j'étais obligé de me faire nommer docteur de l'Écriture sainte, je pensais qu'il s'agissait là d'un discours très simple et que je comprenais très bien. Mais maintenant que, par la grâce de Dieu, je suis redevenu un pauvre écolier en Écriture sainte, et que mon savoir est de moins en moins assuré, je

2. Sur cette question je dois beaucoup à une conférence inédite de Wilhelm MAURER sur « Luther et le Mystère. » Maurer en a repris, notamment dans son *Von der Freiheit eines Christenmenschen* (Göttingen, 1949), la thèse essentielle, à savoir que toute la théologie de Luther doit être comprise comme un renouveau de la théologie du Mystère, élaborée par l'Église ancienne, qui permet aussi de bien comprendre la doctrine de la justification.

commence à regarder ces mots avec d'autres yeux et je trouve par expérience cette explication qu'il doit s'agir d'un mystère.

Luther s'en prend ensuite à ceux qui pensent, au sujet du Christ et de son Église :

Ce n'est pas un mystère ni un art profond ; c'est une cuillère remplie de sagesse, qu'on peut avaler en une seule gorgée. Nous les laisserons croire qu'ils connaissent tout cela mieux et même cent fois mieux que nous-mêmes. Que le Christ ne soit donc pour eux ni mystère ni secret, mais seulement une coquille de noix vide, parce qu'il y a longtemps – dès avant leur naissance – qu'ils en ont sorti le noyau et jeté la coquille. Quant à nous, nous voulons goûter ce mystère comme un enfant boit le lait de sa mère afin d'en obtenir, un jour, quelques gouttes et ne pas nous en laisser sevrer aussi vite que ces orgueilleux qui ont honte de téter le sein de leur mère ; car ils savent marcher tout seuls avant d'avoir des jambes et des pieds.

W. Maurer remarque à propos de cette citation :

Dans un protestantisme qui court vers le Siècle des lumières et qui méprise le Mystère, Luther devient un enfant qui boit avidement ce mystère divin et qui en vit. Ces paroles de Luther suffisent à réfuter le soupçon si répandu selon lequel quiconque parle du Mystère s'éloigne de Luther.

Même si Luther n'a jamais rejeté explicitement le mot *sacramentum* en tant que traduction erronée du mot grec *mystèrion*, il n'en a pas moins combattu la doctrine médiévale des sacrements en se fondant sur une théologie du Mystère, et il l'a fait essentiellement dans ses grands traités polémiques de 1520, notamment dans le *De captivitate babylonica*. Alors que, jusqu'à nos jours, on a dénoncé la théologie des mystères comme comportant le danger d'une rechute dans une religion préchrétienne de la nature, Luther a, quant à lui, reconnu que la doctrine des sacrements comportait le danger d'une déviation juridique et moralisante. Dans le traité *De la liberté chrétienne*, « le fondement sacramentel du droit canon n'est pas ébranlé, il est démoli » (W. Maurer). Le légalisme fondé sur la doctrine des sacrements est combattu en tant qu'interprétation radicalement erronée de l'Évangile. On peut reconnaître sans peine les raisons pour lesquelles Luther oppose la doctrine ancienne des mystères à la théologie scolastique du Moyen Age. Ici, il ne s'agit pas, selon lui, d'objets sacrés, mais de l'événement du salut ; le concept de Mystère permet d'exprimer l'opposition irréductible qui existe entre le Dieu révélé et en même temps le Dieu caché, entre le secret de la personne du Christ qui est à la fois Dieu et homme et entre l'existence simultanée de la foi et du péché en un seul et même homme. Luther est persuadé d'être en plein accord avec l'Écriture quand il parle du Mystère. Il sait que, dans le Mystère, le cycle naturel est brisé par l'irruption de l'histoire. Il peut même dire que le Christ est l'*opus Dei in mysterio*, ce qui permet à W. Maurer d'affirmer que toute la richesse de la théologie de Luther est conditionnée par le concept de Mystère.

Mais Luther n'a pas été entendu sur ce point. L'abîme profond qui le sépare de l'humanisme d'Érasme n'a bientôt plus été compris, et le Siècle des lumières comme le libéralisme ont pratiquement été plus proches d'Érasme que de Luther. W. Maurer a entièrement raison d'affirmer que l'oubli de la doctrine de la justification trouve ses racines dans l'oubli du Mystère. Comme nous avons essayé de le montrer dans notre second chapitre, les oppositions que l'on constate actuellement au sein de la théologie et de l'Église protestantes résultent du fait que, des deux côtés, le message biblique relatif au Mystère a été sacrifié à la rationalité et à la primauté de la science.

Tout ce que nous venons de dire nous donne très bonne conscience à l'égard de Luther et de la Réforme lorsque nous mettons en relief le concept biblique de Mystère, avec toutes les conséquences que cela comporte, lorsque nous le préférons au concept de sacrement et que nous regrettons l'évolution contraire dont ont été victimes les Églises de la Réforme et toute la chrétienté occidentale.

« Dans, avec et sous... »

La théologie de la Réforme a tenté d'exprimer à l'aide d'un paradoxe le lien spécifique qui unit les dons célestes de la grâce et les éléments terrestres dans les sacrements :

> C'est, a-t-elle dit, dans, avec et sous le pain et le vin que nous sommes invités à manger le corps du Christ et à boire son sang.

Il ne convient pas d'accorder à cette formule une importance excessive, en la considérant par exemple comme un « principe » de la doctrine luthérienne de la Cène. Les trois prépositions juxtaposées dans cette formule n'ont ni le poids ni la dignité d'un énoncé dogmatique ; elles donnent plutôt l'impression que leur combinaison a quelque chose de fortuit et d'improvisé, d'autant que Luther a également employé chacune de ces prépositions pour elle-même et l'une à la place des autres. Je conviens volontiers qu'il ne faut pas ériger ce « dans, avec et sous » en système. Mais c'est précisément le fait qu'ils ne représentent pas une formule bien pesée et intégrée dans un système logique, qui rend ces trois mots capables d'attirer notre attention sur certaines caractéristiques essentielles du Mystère. Pour cela, il faut évidemment les détacher du contexte eucharistique particulier dans lequel la Réforme les a utilisés pour examiner s'ils peuvent éclairer le Mystère lui-même dans chacune de ses formes. Les prépositions ont une fonction très importante dans la langue de la Bible comme dans toutes les langues. La préposition indique les relations qui existent entre les objets, les événements et les réalités et, comme tout ne peut être bien vu et compris que par ses relations, ces petits mots très courants rendent un service essentiel en permettant de voir tous les détails dans une bonne perspective. Dans notre cas, il s'agit de la relation que le Mystère, le secret de Dieu, entretient avec la réalité extérieure, terrestre, accessible à nos sens, et il convient effectivement de dire que nous rencontrons le Mystère dans, avec et sous cette réalité. Jamais le mystère de Dieu n'existe en dehors de ce qui se passe concrètement dans l'espace et dans l'histoire terrestre ; jamais il ne nous atteint dans l'atmosphère ténue des seules idées. Le grand Mystère a lieu là où Dieu s'unit à une forme humaine et où il nous invite et nous engage à connaître et à accueillir le Mystère qui dépasse tout notre entendement, dans, avec et sous une réalité concrète, accessible à nos sens, donc à une réalité déterminée et limitée. C'est dans ce sens que nous appliquons au Mystère la formule « dans, avec et sous ». Mais, en un premier temps, nous nous bornons à un examen général des principes. Nous parlerons en détail de leur application dans la deuxième partie de ce livre.

Que signifient ces trois mots ?

1. L'image spatiale, qui est à la base de la première des trois relations, indique que Dieu, qui remplit le ciel et la terre, entre dans les limites d'un espace défini ; il a plu à Dieu de verser la plénitude de sa sagesse et de son amour dans un vase de terre, car il ne veut pas être reconnu et adoré dans ce qui est général et illimité ; c'est ici et maintenant, et non pas partout, n'importe où et n'importe quand, qu'il veut être cherché et qu'il veut se laisser trouver. Le Mystère est un *templum*, c'est-à-dire un espace déli-

mité où le mystère du Dieu omniprésent peut être reconnu et vécu. Le Mystère consiste en ceci que Dieu vient habiter dans un lieu terrestre, comme l'ange est entré dans la chambre de la « pauvre servante » pour inonder de sa gloire et de sa majesté l'espace restreint de cette humble demeure. Les peintres anciens ont eu raison de représenter l'événement de cette manière-là. Le mystère de Dieu n'habite pas chez ceux qui portent en eux le désir insatiable d'un espace lointain et illimité, chez ceux qui préfèrent ce qui est général à ce qui est particulier, ce qui est abstrait à ce qui est concret, condensé ; il n'habite pas chez ceux qui méprisent ce qui est unique et particulier et qui tournent en ridicule l'idée que le Maître de tous les cieux puisse habiter dans un écrin étroit et unique. Le Mystère ne ressemble pas à la lumière diffuse qui inonde une salle ou un paysage entiers d'une clarté partout répandue ; il ressemble plutôt à la lumière qui éclaire l'obscurité environnante à partir d'un unique luminaire et c'est bien ainsi que Rembrandt a représenté la lumière du Christ dans nombre de ses tableaux.

Ce paysage unique entre tous les paysages variés et grandioses de notre terre est le théâtre d'une histoire incomparable. Ce peuple unique, nous l'appelons « peuple de Dieu » à cause de sa vocation et de son histoire particulières, et non pas en raison de qualités remarquables qui le distingueraient. C'est dans son histoire que nous cherchons les traces du grand mystère qui consiste en ce que Dieu agit dans l'histoire. Cet homme unique, Jésus-Christ, né d'une mère humaine, à une heure déterminée de l'histoire, « souffrant, mort et ressuscité » sous un certain procurateur romain, ce nombre limité d'apôtres appelés, cette collection déterminée et limitée d'écrits sacrés, cette communauté d'hommes qui ont entendu l'appel de Dieu, voilà le vase que Dieu a préparé pour y offrir son salut à tous les hommes. Tout cela amène Jean à dire au début de son évangile que Dieu a « dressé sa tente » au milieu de nous pour habiter parmi nous.

Ce « dans » ne nous permet pas de localiser le Mystère dans une sorte de métaphysique située en dehors et au-dessus de notre réalité terrestre, car le Mystère est celui de la présence de Dieu dans ce monde qui est le nôtre.

2. Le mot « avec » revêt une signification particulière dans le débat séculaire et permanent relatif à une juste compréhension de la Cène. Nous en parlerons en détail plus loin. Pour l'instant, le mot « avec » doit d'abord signaler d'une manière générale la rela-

tion particulière qui existe entre le mystère de Dieu et une réalité terrestre. L'expérience de Dieu qui nous est décrite dans l'Ancien Testament et ailleurs connaît la puissance démesurée et effrayante de la majesté divine, dont aucune créature terrestre ne peut supporter la nue présence et dont l'irruption briserait et détruirait entièrement tout vase terrestre qui prétendrait la capter et l'enfermer. « Aucun homme ne peut me voir et vivre » (Ex 33, 20). Dieu est le feu effrayant et violent qui consume la matière dont il s'empare. Le fait que Dieu ne consume pas par le feu de sa sainteté le vase impur où il verse sa plénitude, mais qu'il l'épargne et le garde même dans sa réalité terrestre est un véritable miracle de sa miséricorde. Dans la vision du buisson qui brûle sans être consumé (Ex 3,2), Moïse a eu une intuition de ce Mystère. Le livre apocryphe de la Sagesse contient un passage remarquable (11,17 s.) qui révèle une connaissance pleine de respect de ce même Mystère. Rien, dit l'auteur, n'empêcherait Dieu de détruire et d'anéantir les hommes par sa main toute-puissante, par l'esprit de sa force. « Mais tu les épargnes tous, car ils t'appartiennent, à toi qui aimes la vie. »

Le mystère du Christ accomplit tout ce qui était ainsi pressenti ; l'ardeur dévorante de la sainteté de Dieu n'exclut pas le mystère de sa miséricorde. La divinité du Christ ne dissout pas son humanité. Si l'on considère leur race, leur situation sociale et leur sexe, les hommes pécheurs qui ont le privilège d'être des pierres vivantes dans le temple de la présence divine restent — en apparence — ce qu'ils sont. L'Église, qui est la fiancée de l'Époux céleste et la gardienne des mystères de Dieu, est en même temps une communauté humaine avec toutes les exigences, tous les besoins, tous les défauts et toutes les difficultés terrestres. La présence et l'énergie agissante de Dieu s'unissent mystérieusement au matériau terrestre. « Nous portons ce trésor dans des vases de terre » (2 Co 4,7), et le vase de terre n'éclate pas sous le poids de cette plénitude. Tel est le secret du « dans » sous la forme du Mystère. Dans la deuxième partie de ce livre, nous montrerons par quelques exemples quelle est la portée de ce « dans », d'autant plus que la simultanéité du mystère terrestre et du mystère fondamental est souvent négligée ou niée, ce qui revient à priver le Mystère d'un de ses attributs essentiels.

3. Voici maintenant le troisième point de cette description : dans le mystère de Dieu, sa puissance et sa bonté sont présentes « sous » une réalité terrestre.

On est tenté de croire d'abord que l'élément spirituel se cache « sous » le voile de phénomènes accessibles aux sens, comme l'essence spirituelle de toutes choses nous apparaît toujours sous le voile de ce qui est visible et audible. C'est vrai, en effet, et nous ne devons pas nous y méprendre : le mystère de Dieu ne peut jamais être exprimé « directement » ; il ne peut l'être que par des allusions, par des signes et par des symboles, par les « chiffres » d'un code secret qui n'ont de sens que pour le croyant, parce que lui seul sait déchiffrer les signes. Toute tentative faite pour court-circuiter ce caractère symbolique du langage religieux et pour dire ou pour représenter « directement » le mystère de Dieu nous conduit inévitablement à nier le caractère mystérique de tout langage chrétien, et cette « objectivité » grossière nous amène inversement à nier le Mystère lui-même, parce qu'il « n'existe » pas comme « existe » n'importe quel « objet » dans ce monde.

Mais le couple de concepts « essence et phénomènes » ou « signe et signification » provient d'un autre domaine de la pensée et n'exprime pas ce qu'il faut vraiment entendre par « sous ». La distinction entre *res* et *signum* (réalité et signe), que saint Augustin a empruntée à la pensée néoplatonicienne, induit en erreur, parce que la *res* désignée par le signe n'est pas une « chose ». Elle n'est pas un objet qu'on pourrait « posséder » indépendamment du signe et en dehors de son caractère d'« image », et parce que l'essence même du symbole authentique exige que la « chose signifiée » ne soit présente que dans le symbole et nulle part ailleurs.

Mais il faut creuser plus profond pour découvrir le vrai sens du « sous ». Ce sens est fondé sur le fait que le Mystère est le mystère de *Dieu* qui reste un Dieu caché même quand il se révèle, que — pour parler avec Luther — le *Deus revelatus* (le Dieu révélé) est en même temps le *Deus absconditus* (le Dieu caché). La polarité irréductible entre ce qui est découvert et ce qui est caché fait partie de l'essence du Mystère, et c'est elle qui est visée lorsqu'on dit que le Mystère est présent « sous » des réalités terrestres qui le cachent. Jésus lui-même, le vrai contenu du Mystère, est la forme sous laquelle la majesté de Dieu se cache dans le vêtement de l'humiliation, de la tentation et de la mort. L'Église et la vie chrétienne participent à ce caractère caché ; le mystère du salut est toujours, comme dit Luther, *tectum sub contrario* (caché sous son contraire). Quand l'Église veut échanger ce vêtement de l'abaissement contre le glorieux vêtement de la richesse et de la puissance, elle cesse d'être la forme du Mystère. Notre existence chrétienne est, elle aussi, « cachée avec le Christ » (Col 3,3).

Mais une autre raison encore nous empêche d'identifier ce caractère caché avec la tension entre l'essence et le phénomène. En effet, ce caractère caché n'est pas définitif. Le Mystère est le mystère de Dieu dans cet état intérimaire de l'histoire où la gloire du Christ est encore cachée et où ce que nous serons n'a pas encore été révélé. C'est le caractère caché de Dieu au moment de l'aube, sur le seuil entre la nuit et le jour, entre la nuit de ce monde et le jour du monde à venir. L'œil ouvert de la foi reconnaît dès maintenant ce qui est en devenir (Jn 16,13) et ce que tous les hommes verront un jour et qui les effrayera ou les comblera de bonheur.

Le « sous » de la formule réformatrice indique ou rappelle que l'irruption du monde à venir est cachée dans le Mystère. Le Mystère est – pour employer une formule audacieuse – l'anticipation de la parousie, de la présence pleine et définitive du Seigneur et de l'éon futur, le signe de la grande espérance que nous n'avons maintenant que sous forme d'image, en tant que promesse secrète, sous le voile opaque du présent, *tectum sub contrario*.

Dans ce triple sens, le Mystère est la présence de Dieu dans, avec et sous les objets, les hommes et les signes de ce monde, que Dieu a choisis et préparés pour être le vase de sa révélation.

L'AMBIVALENCE DU MYSTÈRE

Lorsque nous parlons du mystère de Dieu, nous avons en vue le mystère du Christ, le mystère du salut, et, comme nous l'avons dit, seul ce mystère de la présence de Dieu et de la grâce agissante mérite d'être appelé « Mystère » au sens propre et vrai de ce mot. Autrement dit : Dieu est le mystère absolu. Mais il serait dangereux de ne pas voir que certains mots, que nous utilisons seulement dans un sens positif ou dans un sens négatif, sont à l'origine « ambivalents », c'est-à-dire qu'ils peuvent être compris selon leur aspect bon et salutaire ou selon leur aspect mauvais et néfaste. Nous le savons tous : certains mots ont pris au cours de leur évolution un accent essentiellement négatif, comme c'est le cas, de toute évidence, pour les mots « magie » ou « mythe ». Nous oublions facilement qu'ils ont aussi un contenu positif. Le mot

« esprit » a, lui, subi une évolution inverse ; il n'a guère plus qu'un sens positif au point que nous pensons qu'on peut considérer la spiritualisation de l'homme comme but légitime de son évolution. Mais nous avons oublié qu'il existe aussi un esprit fondamentalement méchant et destructeur et que, dans la Bible, le pluriel « esprits » ne désigne que les mauvais esprits, les démons que Jésus a chassés pour libérer les hommes que leur fascination et leur tyrannie « possédaient ».

Un passage des épîtres du Nouveau Testament (2 Th 2,7) parle du mystère d'iniquité qui nie et qui dissout tout ordre (*mystèrion tês anomias*, c'est-à-dire de l'anarchie, du désordre érigé en principe). L'idée, qui se retrouve dans la 1re épître de Jean, d'un « Antichrist », d'un adversaire personnifié du plan de salut divin, nous autorise à dire ceci : Il n'y a pas seulement un mystère de Dieu, mais aussi un mystère opposé à Dieu ; il n'y a pas seulement le mystère du Christ, mais aussi un mystère de l'Antichrist. La grande vision biblique du combat dont l'histoire du monde est le théâtre depuis le premier jour de la création jusqu'à la fin montre que le mot « mystère » a, dans ce contexte, une charge sémiotique aussi inquiétante que lorsqu'il est question du mystère du Christ. Face aux forces divines, des puissances hostiles à Dieu sont à l'œuvre. Le mal n'est pas une simple idée, ni même une sorte de vide qui attend d'être rempli par la réalité de Dieu. Non, il existe une puissance qui résiste à Dieu et qui ne veut pas « que le nom de Dieu soit sanctifié par nous ni que son règne vienne parmi nous » (comme Luther le dit dans son *Petit Catéchisme*). La puissance de l'adversaire est, elle aussi, présente parmi nous : elle se condense en un lieu concret ; elle a ses centres d'énergie, chargés d'un poison satanique et destructeur, qui est comme un explosif terrifiant. Il existe sur la terre des lieux qui sont devenus « une habitation de démons, un repaire de tout esprit impur » (Ap 18,2). Dans la vie des individus comme dans l'histoire de l'humanité, il existe des « heures de ténèbres » où Satan passe à l'attaque et célèbre des victoires. Dans la 1re épître aux Corinthiens (chap. 10), Paul évoque même une possibilité inquiétante : des hommes peuvent être assis à la « table des démons » et, dans cette communion de table avec l'adversaire, ils peuvent devenir des complices du mal qui est le fruit amer de toute idolâtrie ; ils peuvent même devenir les instruments du mal. Il existe des mystères du diable, et celui qui boit à cette coupe empoisonnée fait pénétrer ce poison dans les veines et les artères de son corps et de son âme. Nous n'avons pas le droit de fermer les yeux devant cet abîme qui s'ouvre devant nous, sous peine de tomber nous-mêmes dans cet abîme et d'y entraîner d'autres avec nous. Le tableau de Pieter Brueghel, *L'aveugle conducteur d'aveugles*, illustre bien ce que je viens de dire.

Quand on essaye d'appliquer au mystère de l'adversaire le « dans, avec et sous » de la formule sacramentelle, on s'aperçoit que tout est déformé et mis à l'envers. Certes, les puissances infernales cherchent, elles aussi, une habitation sur terre, un lieu où elles peuvent séjourner et s'affairer, parce qu'elles se nourrissent en quelque sorte du sang qu'elles dérobent aux vivants. C'est sans doute ce que veut nous dire la curieuse histoire des démons partis à la recherche d'une victime dont ils pourraient s'emparer (Lc 8,32 ; Mt 8,31). Ces détails, difficiles à expliquer, qui figurent dans certains récits bibliques, attirent sans nul doute notre attention sur des enchaînements inquiétants que la plupart de nos contemporains ne perçoivent même plus, mais que nous n'avons pourtant pas le droit d'éliminer à la légère en les qualifiant de « mythiques ». Mais ce « dans » de la concrétion, dont nous parlons, ne peut vraiment pas être appliqué au mystère qui s'oppose à Dieu. Le diable ne se lie pas à des formes concrètes ; en dernière analyse, il demeure toujours « en dehors » et mouvant ; son élément propre, c'est de jouer « entre » les réalités et les hommes. Dans le grandiose *Jeu de l'Antichrist*, qui date de l'époque de Frédéric Barberousse et où le Moyen Age allemand a exprimé sa profonde connaissance du mystère de Dieu et de son adversaire, ce dernier acquiert puissance et gloire en envoyant ses émissaires qui rôdent *entre* les hommes et les puissances, sans habiter nulle part et sans pouvoir être saisis nulle part. Il n'existe pas de diable « incarné », et c'est par un effet d'humour noir que la langue populaire allemande l'appelle « l'Incarné », *der Leibhaftige*, alors qu'il a mille masques, mais aucune forme concrète.

L'adversaire garde, lui aussi, son secret et il sait, lui aussi, se cacher. Mais il se cache autrement que Dieu. Alors que la présence sur terre du salut divin est cachée sous le vêtement de la pauvreté et de l'impuissance, sous la douleur, sous le deuil et sous la mort ainsi que sous l'opprobre de la croix, le mystère de l'adversaire se manifeste, lui, avec toute l'emphase de la liberté, du progrès, de l'élévation du niveau de vie et d'une promesse de bonheur pour les peuples. Le trésor de la grâce nous est donné dans des vases de terre, mais nous buvons le poison de l'enfer dans des vases d'or. *Pax et securitas* (1 Th 5,3 Vulg.), paix et sécurité. Voilà le slogan qui représente dans ce jeu du diable l'accomplissement du règne opposé à Dieu. L'Antichrist cache son être véritable « sous » l'apparence trompeuse d'une dignité fanfaronne, sous le costume chamarré d'idées sublimes. Il faut lire la *Petite histoire de l'Antichrist* de Soloviev (1899 !) pour mesurer toute la différence qui existe entre la manière dont Dieu et celle dont l'adversaire cachent leur mystère, et donc toute la différence qui existe dans le sens que prend le mot « sous » dans l'un et l'autre cas.

Ce contraste éclate cependant de la manière la plus nette et la plus effrayante quand on envisage le point précis où le mot « avec » s'applique à ce contexte. Le mystère de Dieu s'unit à l'élément terrestre et cet élément n'est pas détruit par cette rencontre et par ce lien ; il est, au contraire, conduit à sa véritable destination et il ne peut en être autrement parce que « Dieu aime la vie et ne hait rien de ce qu'il a créé » (Sg 11, 24.26). L'adversaire, en revanche, ne connaît pas cet « avec »-là, parce qu'il est totalement dépourvu d'amour. Il exploite les instruments dont il se sert, et il les jette et les livre à la destruction dès qu'ils ont fini de lui rendre service ; car *il veut* détruire l'œuvre et anéantir les créatures de Dieu. C'est pourquoi il contraint ceux qui lui appartiennent à faire ce qu'ils ne veulent pas faire et à devenir ce qu'ils ne veulent pas être. Le mystère de l'iniquité n'est rien d'autre que le sombre mystère de l'autodestruction.

Le mystère de l'adversaire représente à tous égards le pendant, la caricature et l'inversion du mystère de Dieu, et nous avons raison de nous demander si l'expression « mystère de l'iniquité » (ou « mystère de la dissolution ») n'est pas finalement un non-sens inemployable. En effet, nous nous opposons à ceux qui se servent du mot « mystère » dans ce sens négatif et destructeur, parce que nous savons que seul le mystère de Dieu et de notre salut est un véritable mystère.

L'ambivalence de ce concept a pourtant encore une raison plus profonde : le mystère lui-même est ambivalent dans ses résultats. En effet, le mystère ne peut pas, comme les forces de la nature, agir par nécessité pour le salut ou pour la perdition des hommes. Les mystères ne sont pas des forces magiques capables de s'emparer des hommes et de leur faire ingurgiter le philtre du salut et de la perdition sans qu'ils puissent réagir ou prendre conscience de ce qui se passe. Les mystères hellénistiques ont souvent été compris comme des remèdes magiques et les sacrements de l'Église ont, eux aussi, été compris et utilisés comme des sortilèges, parfois même avec la complicité de l'Église. Mais c'est là une erreur funeste contre laquelle il faut s'élever énergiquement. Le mystère s'adresse, lui aussi, à la liberté et à la responsabilité de l'homme et il ne peut agir dans un sens qui contredirait son essence intime.

Le mystère du salut est salutaire pour ceux qui aspirent de tout cœur au salut et à la rédemption, et qui reçoivent et acceptent humblement dans la foi ce que la grâce leur a destiné. « Ces mots *pour vous* exigent des cœurs pleinement croyants » (Luther, *Petit Catéchisme*). C'est pourquoi le mystère du salut peut devenir dangereux pour l'homme. Il n'existe pas d'attitude neutre dans le domaine des forces mystérieuses ; elles sont comme un circuit électrique sous haute tension auquel on ne peut toucher sans autorisation et sans protection, sous peine d'être brûlé ou foudroyé. Elles perdent celui qui s'en sert d'une manière impie, frivole et égoïste. L'histoire d'Uzza attirant sur lui la colère de l'Éternel parce qu'il avait touché l'arche de Dieu contrairement à la loi sainte (2 S 6,6.7) contient une vérité redoutable. Elle est le pendant vétérotestamentaire de l'affirmation paulinienne relative au repas de la chrétienté : celui qui y participe d'une manière indigne (l'apôtre ne dit pas : en homme indigne) tombe sous le jugement de Dieu (1 Co 11,29). Certes, ce jugement ne frappe pas toujours aussi vite ni aussi spectaculairement que dans le cas d'Ananias et de Saphira (Ac 5), mais cela ne doit pas nous induire en une fausse sécurité. Le mystère de Dieu exige le don de soi humble et confiant. Pour employer un mot qui nous est familier et qui est si effroyablement vidé de son sens, il exige la foi. On dit que, dans les mystères antiques, les futurs initiés étaient parfois soumis à des épreuves et à des exigences qui dépassaient leurs forces ; celui qui était incapable d'accomplir jusqu'au bout le chemin pénible et périlleux qu'on lui indiquait ne pouvait tout simplement pas revenir sur ses pas, comme c'est possible au coureur dans le stade, qui peut rebrousser chemin et « abandonner » quand les forces viennent à lui manquer ; le candidat à l'initiation devait poursuivre sa course jusqu'à l'épuisement complet et jusqu'à la mort. Ces dispositions ne sont pas seulement un cas de folie humaine ou de manipulations diaboliques. Elles dévoilent sous une forme cruelle cette vérité profonde que le Mystère est dangereux ; c'est une question de vie et de mort. Le Mystère place l'homme devant la question ultime qui seule est importante ; il l'oblige à une décision qui implique la plus haute responsabilité.

Le mystère opposé à Dieu comporte-t-il la même virtualité ambivalente ? La foi donne ici une certitude profonde et tranquille : l'adversaire, le « méchant ennemi », ne peut nuire à celui qui s'en remet à Dieu de tout cœur et qui lui fait confiance. Il est vrai que nous n'échappons jamais et nulle part aux signaux que le mystère hostile à Dieu nous adresse ; nous ne pouvons pas fermer les yeux ni les oreilles à ses séductions ; mais celui qui participe au mystère du salut est entouré d'une puissance protectrice qui le défend contre les attaques jaillies de l'abîme. Il porte – image audacieuse – l'armure dans laquelle les flèches ardentes de la puissance infernale restent fichées sans provoquer l'incendie (Ep 6,16). « S'ils boivent quelque breuvage mortel, il ne leur fera point de mal » (Mc 16,18).

Même le mystère d'iniquité ne peut pas nous contraindre à la perdition. Il attire, il excite, il trompe et il séduit, mais nous pouvons et nous devons lui résister. L'ambiguïté du mystère hostile à Dieu réside à la fois dans sa puissance et dans son impuissance.

Chaque fois que l'apôtre parle du mystère du mal, il parle en même temps d'une force qui arrête l'œuvre du Malin et qui empêche sa victoire. Les entreprises de l'adversaire peuvent être stoppées et nous devons lui résister. Le mystère d'iniquité sera, en effet, démasqué et anéanti, alors que le mystère de Dieu sera révélé et accompli.

DEUXIÈME PARTIE

LES FORMES DU MYSTÈRE

Dans la première partie de ce livre, nous avons essayé de décrire le mystère de Dieu dans la forme qui est particulière à son essence et d'expliquer ainsi pourquoi nous croyons devoir parler du mystère et non des sacrements. Ce mystère est un vrai mystère et il reste un mystère même pour ceux à qui il a été révélé. Il ne peut être saisi par aucune manipulation humaine parce qu'il est le mystère de *Dieu* tout en demeurant le *mystère* de Dieu. Il est le mystère de Dieu paru au milieu de nous sur la terre, le mystère de notre salut. Il est le mystère du seuil sur lequel se rejoignent le ciel et la terre, Dieu et le monde, et il représente, par là même, l'achèvement et l'accomplissement de toute « religion » et de tous les mystères de l'ère préchrétienne. « Dans, avec et sous » le masque de la réalité terrestre, les forces d'une réalité supérieure se déploient en notre faveur. Elles sont à la disposition de ceux qui n'ont pas le désir impie de s'emparer du Mystère dans leur propre intérêt, mais qui sont prêts à se laisser subjuguer et adopter par ce Mystère. De même que ces puissances sont engagées dans la lutte contre les puissances démoniaques de destruction, il s'agit aussi pour les hommes de démasquer le mystère de l'adversaire et de l'iniquité, de lui résister et de se donner pleinement au mystère de Dieu qui leur en confère la force ; alors ce mystère ne causera pas leur perte, mais il servira leur salut.

Ainsi se trouvent décrits le mystère du Christ lui-même et la loi intime de l'Église, de toute sa pensée et de toute son action. Car la puissance vitale qui englobe et qui forme tout ce contexte est le mystère de Dieu ou plutôt c'est Dieu lui-même qui est ce mystère insondable. En abordant ce point de notre réflexion, nous voyons mieux que partout ailleurs combien le remplacement du concept biblique de Mystère par le concept non biblique de « sacrement » a été funeste. Cette substitution a, en effet, dangereusement isolé les actes désignés comme « sacrements » qui ont accaparé le caractère « mystérique » de toutes les formes de vie de l'Église. C'est pourquoi nous essayerons maintenant de démontrer l'importance du Mystère pour la compréhension du Christ lui-même et des saintes Écritures, pour la compréhension de l'existence chrétienne et de toute vie spirituelle et pour l'organisation de l'Église et de toutes les formes de sa vie.

1
Le Christ en tant que mystère de Dieu

La doctrine occidentale des sacrements n'a jamais oublié ou nié le rapport étroit qui existe entre les sacrements et la personne de Jésus-Christ. Mais, dès que le concept de sacrement s'est trouvé mis en relief, ce rapport n'a plus guère pu être exprimé autrement que par la thèse que voici : le Christ lui-même est le sacrement proprement dit ; il est le sacrement originel. Mais cette manière de parler entraîne un embarras indéniable. En effet, quelle que soit la définition qu'on donne du sacrement, celui-ci est toujours un agir de l'Église, et, en précisant, dans sa polémique contre le septénaire sacramentel, que le sacrement était exclusivement un acte institué (ou fondé) par le Christ lui-même, la Réforme a fait clairement apparaître que le Christ lui-même ne pouvait être désigné comme sacrement que dans un sens figuré ou dérivé.

Il en va sans nul doute autrement quand nous faisons référence au concept biblique de mystère. Alors il est clair que le Christ, sa personne et son œuvre doivent être compris comme le Mystère par excellence, comme le mystère de Dieu au sens propre et rigoureux du terme, ou plutôt qu'ils ne doivent pas être compris mais adorés comme tel. Et cela n'est pas seulement vrai de la prédication qui a le Christ pour contenu ; cela est vrai du Christ lui-même ; il est appelé expressément le mystère de Dieu et, dans les textes qui emploient l'expression *mystèrion tou Christou* (mystère du Christ ; cf. Ep 3, 4, etc.), ce génitif doit être compris comme *genitivus epexegeticus*. En d'autres termes, ces textes ne parlent pas de n'importe quel mystère administré ou annoncé par le Christ, mais du Christ lui-même en tant que mystère de Dieu au sens absolu. Mais ce mystère du Christ n'est pas non plus le premier et le plus éminent exemple d'une série de mystères du même genre : il est l'*archê*, c'est-à-dire non pas le commencement temporel mais le *principium* qui détermine et régit le tout ; il est en effet tout à la fois, d'une part, l'accomplissement et l'achèvement de toutes les espérances et de tous les pressentiments qui sommeillaient dans les mystères préchrétiens, et, d'autre part, le contenu de tous ces mystères de Dieu dont l'administration et la distribution sont remises et confiées à l'Église de Jésus-Christ. Il ne peut y avoir de mystères chrétiens que parce qu'il y a le mystère du Christ.

En Christ est « apparu » le Mystère qui était caché depuis des éons et qui s'est maintenant dévoilé pour pouvoir être perçu. Ce qui « habite une lumière inaccessible » diffuse maintenant sa clarté dans l'espace ténébreux de ce monde. « La lumière éternelle entre ici et donne une nouvelle lueur au monde » (Luther). La fête de l'Épiphanie, qui est avec celle de Pâques la plus ancienne de la chrétienté, célèbre même ce Mystère dans l'apparition de la gloire divine. Elle fait, elle aussi, apparaître clairement la signification centrale du mot « mystère ». Il ne s'agit pas du mystère de ce qui est illimité et insaisissable ; il ne s'agit pas de l'abîme originel où toute notre pensée s'enfonce sans y trouver nul appui. Il ne s'agit pas non plus du halo qui trouble nos sens par l'incantation de cérémonies secrètes. Il s'agit de Dieu lui-même, présent parmi nous sous une forme visible dans laquelle lui-même, le Seigneur de tous les espaces célestes, est « là », agissant dans l'espace de ce monde. Tout l'intérêt de la foi chrétienne est suspendu au fait que le Christ n'est pas un quelconque personnage célèbre du Panthéon humain, mais que, dans la personne historique de Jésus-Christ, Dieu est lui-même réellement entré dans notre réalité humaine, que la vie de Jésus est vraiment la vie de Dieu, que son amour est vraiment l'amour de Dieu, que son combat est le combat de Dieu et que sa victoire est la victoire de Dieu.

La première grande querelle dogmatique qui, avec Athanase et Arius, a ébranlé l'Église ancienne, avait pour enjeu la réalité de ce Mystère-là ; elle tournait autour de la pleine simultanéité, de l'union indissoluble, du divin et de l'humain, du ciel et de la terre dans la personne du Christ. Parce que le concept même de Mystère nous est devenu étranger, nous avons aujourd'hui beaucoup de peine à comprendre comment et pourquoi nos Pères ont apparemment pu lutter avec tant d'âpreté et d'exaspération pour une seule et unique lettre. En effet, les deux mots grecs qui étaient alors au centre de la discussion ne se différencient que par une seule lettre, qui est d'ailleurs la plus petite de l'alphabet grec, le *iota*, les uns affirmant que le Christ était *homoousios* (égal) à Dieu, les autres se bornant à dire qu'il lui est *homoiousios* (semblable). Les divisions séculaires que cette différence d'interprétation a engendrées dans la chrétienté et surtout chez les peuples germaniques demeurent incompréhensibles pour quiconque n'a pas saisi que le Mystère n'est justement pas une ressemblance plus ou moins grande entre l'humain et le divin, entre le terrestre et le céleste, mais la cohabitation réelle, la solidarité réelle et l'identité réelle du divin et de l'humain.

La difficile victoire de la théologie d'Athanase au Concile de Nicée en 325 et la séculaire élimination progressive de la conception arienne ont préservé la chrétienté du danger mortel de transformer le mystère de Dieu-homme en une demi-vérité facilement acceptable par la raison naturelle. Il est certain, en effet, que la conception arienne de la personne du Christ est plus facile à saisir ; elle tombe sous le sens. Toutes les époques de l'histoire ecclésiastique ont connu des hommes qui pensaient devoir rendre la vérité accessible et populaire en lui ôtant la profondeur qui lui est propre et en la réduisant à des formules faciles à intégrer dans les catégories de pensée courantes. Mais le prix à payer est toujours le renoncement au mystère authentique, incompréhensible et insaisissable.

Il faut évidemment tenir compte de l'arrière-plan de cette ancienne querelle christologique pour placer dans sa juste perspective l'opposition apparemment absurde qui s'est cristallisée autour de cette seule petite lettre. L'Église ancienne s'est servie de certaines formes de pensée propres à la philosophie grecque pour exprimer le mystère du Christ dans la doctrine des deux « natures » du Christ, sa « nature » divine et sa « nature » humaine. Elle a exprimé ce mystère dans les termes du Symbole de Nicée que nous récitons encore dans nos cultes : « Jésus-Christ est le Fils unique de Dieu, né du Père avant tous les siècles, Dieu né de Dieu, lumière née de la lumière, engendré et non créé, de même substance que le Père ; pour nous, hommes, et pour notre salut, il est descendu du ciel, il s'est incarné par l'Esprit Saint en la Vierge Marie et il s'est fait homme. » Elle a exprimé ce même mystère avec Martin Luther qui dit dans l'explication du deuxième article du Symbole des Apôtres : « Je crois en Jésus-Christ, vrai Dieu né du Père en toute éternité, et vrai homme, né de la Vierge Marie. » En répétant ces affirmations difficiles à comprendre, nous confessons, dans une langue qui nous est devenue étrangère, le Mystère qu'on ne peut exprimer autrement qu'en de telles formules paradoxales sous peine de le falsifier.

Il faut le reconnaître, les querelles christologiques des siècles passés n'engageaient pas seulement des considérations théologiques, mais aussi des intérêts politiques et nationaux et même de simples prétentions au pouvoir. Elles trouvèrent une certaine conclusion au IVe Concile œcuménique de Chalcédoine (451), quand on se mit d'accord sur la formule, proposée pour l'essentiel par Rome, selon laquelle le Christ était parfait dans sa divinité et tout aussi parfait dans son humanité, et en disant que les deux « natures » n'étaient « ni mélangées ni séparées » (grec : *asynchthos* et *adiairetos*), mais intimement liées l'une à l'autre. Ces formules nous paraissent étranges et incapables, à notre sens, d'éclairer véritablement le mystère de la personne du Christ. Nous pouvons cependant y reconnaître l'effort fait pour garantir le Mystère contre toute dissolution rationnelle. Elles s'opposent à la tentation de ne parler du Christ que comme d'un homme exceptionnel (« semblable à Dieu »), dans lequel Dieu n'agirait pas réellement par sa présence. Mais elles s'opposent tout aussi résolument à la tentation contraire qui consiste à accentuer la divinité du Christ de manière si unilatérale que son humanité n'a plus qu'une pâle apparence. (On appelait cette conception le « docétisme ».) Le style de l'évangile de Jean met clairement en lumière l'enjeu de la doctrine des deux natures. Cet évangile contient toute une série d'indications très concrètes, relatives au lieu, au temps et aux circonstances humaines de la vie de Jésus, et on y a vu avec raison un rejet résolu du « docétisme ». Et pourtant la manière de raconter ces faits est telle qu'on y ressent partout des éléments qui n'appartiennent pas à cette réalité terrestre. C'est le mystère dans son double sens qui est déployé dans cet évangile. L'association des deux noms « Jésus » et « Christ » est la formule la plus brève possible pour exprimer l'identité de l'élément historique personnel et du Mystère que nous y rencontrons.

Dans son livre *Jesus Christus Wende der Welt* (Jésus-Christ tournant du monde) [1], et surtout dans la postface (p. 251 s.) Friedrich Gogarten se réfère explicitement à Luther pour montrer que nous ne pouvons reconnaître la divinité du Christ qu'à partir de son humanité, qu'il faut d'abord saisir l'homme Jésus pour pouvoir affirmer sa divinité. Ici, l'interpénétration de la divinité et de

1. F. GOGARTEN, *Jesus Christus Wende der Welt*, Tübingen, 1966.

l'humanité n'est pas comprise comme une fusion de deux « substances » naturelles (ou « natures »), mais comme l'union de la volonté de l'homme Jésus et de celle de Dieu. L'humanité de Jésus, sa pleine et véritable humanité qui n'est pas une simple apparence, est le lieu où l'essence de Dieu apparaît et agit. Dans le sens le plus large, l'humanité de Jésus, sa vie et ses actes, ses paroles et ses actions, font partie des « langes » dans lesquels Dieu s'est laissé envelopper (Luther) et c'est là qu'il doit être cherché, reconnu et accueilli. Le « dans » de la formule tripartite garde donc ici sa pleine raison d'être. Ce n'est pas n'importe où dans le vaste monde, ce n'est pas dans l'une des innombrables manifestations du « divin », mais c'est dans cette forme historique concrète que « toute la plénitude de la divinité » doit être perçue et reconnue. Ce « dans » du Mystère rattache en effet tout ce que l'on peut dire de Dieu et de la certitude de notre salut à ce lieu particulier. Parler ainsi ne serait pas seulement (comme beaucoup le pensent) une absurdité, ce serait un blasphème, une offense faite à la majesté divine, un rétrécissement et un appauvrissement du Mystère qui parcourt tous les éons, s'il n'avait pas réellement « plu à Dieu » qu'il en soit ainsi. C'est ainsi que nous rendons le sens du mot grec *eudokia* (Lc 2, 14 ; Mc 1, 14). Il s'agit ici du dessein de Dieu, de son « bon plaisir », de « ce qui lui plaît de faire », comme dit Paul Gerhardt.

Nous avons déjà relevé l'importance que revêt le « dans » de la formule citée dans le combat contre la manière dont le docétisme entendait évacuer l'humanité corporelle de Jésus ; le mystère de Dieu s'unit à un homme réel et corporel. Cet aspect du Mystère a une importance décisive quand il s'agit de comprendre l'incarnation ; elle est le pivot autour duquel tourne la compréhension du Mystère. La façon dont on parle de l'incarnation montre si l'on prend vraiment au sérieux le « dans » et le Mystère lui-même. C'est pourquoi ce sont les représentations de la Nativité, les nombreux tableaux qui montrent l'enfant Jésus assis sur les genoux de sa mère et surtout nos cantiques de Noël qui ont gardé avec le plus de fidélité le sentiment qu'il ne s'agit pas d'un « miracle », mais d'un mystère. « Le bien éternel a revêtu notre pauvre chair et notre pauvre sang. » « Celui que l'univers n'a jamais pu contenir repose sur les genoux de Marie. Il est devenu un tout petit enfant, lui qui maintient seul toute chose. » Le cœur de la foi bat vraiment dans la méditation et dans l'adoration de ce mystère et ces cantiques permettent d'en juger. On peut aussi se plonger dans la contemplation des anciennes représentations de la Nativité, des miniatures de manuscrits médiévaux, des grands retables et des sculptures sur bois, ou encore des icônes de l'art oriental. Toutes ces œuvres d'art veulent représenter le mystère de l'unité secrète et indissoluble en laquelle se fondent le ciel et la terre, Dieu et l'homme. Lorsque les peintres croyants du Moyen Age ont représenté la chambre de l'accouchée avec tous ses accessoires très terre-à-terre, comme la baignoire et le pot de chambre, ils ont voulu témoigner de l'aspect très humain et très naturel de ce mystère. Le début de la 1re épître de saint Jean est sans doute, parmi tous les témoignages bibliques, l'expression la plus audacieuse de la joie débordante que fait naître le mystère de Dieu manifesté parmi nous : « Ce que nous avons entendu, ce que nous avons vu de nos yeux, ce que nous avons contemplé et que nos mains ont touché... ; nous vous annonçons la vie éternelle qui était auprès du Père et qui nous a été manifestée » (1 Jn 1, 1 s.).

Là où ce mystère de l'incarnation est pris tout à fait au sérieux, un reflet de ce mystère éclaire certes aussi la figure de la mère du Seigneur. La femme que Dieu a élue entre toutes, celle qui est « bénie entre les femmes » (Lc 1, 42), le sein maternel dont le fruit est adoré en tant que Fils de Dieu – voilà, au sens le plus strict, le lieu, le vase où la vie de Dieu s'est déversée. La vénération – et non l'adoration ! – de la mère du Sauveur est une expression nécessaire de la vénération du mystère lui-même. Pour beaucoup de protestants le maintien des trois fêtes bibliques de la Vierge est un reste de tradition « catholique ». Ils sont choqués de voir un sermonnaire protestant du XVIe siècle appeler le jour de l'Annonciation (le 25 mars) « le jour le plus élevé et le plus saint, dont tous les autres jours de fête tirent leur origine ». Cette appréciation des fêtes de la Vierge exprime sous sa forme la plus simple la vénération du mystère lui-même. Le même prédicateur que nous venons de citer, Martin Moller [2], nous recommande d'user des fêtes de Marie pour contempler les hauts faits de Dieu, pour nous en émerveiller et pour louer le grand nom de Dieu. Dans ce que les dogmes de l'Église romaine, dans ce que certaines légendes et certains cantiques ont dit et disent encore de la Vierge-Mère de Dieu, nous pouvons peut-être reconnaître une tentative maladroite, mais sans nul doute touchante, pour dire que le mystère de Dieu ne brise pas son vase et que le buisson enflammé par le feu céleste ne se consume pas. Mais nous n'avons aucune raison

2. *Praxis evangeliorum*, 1616, IV, 144, p. 14 s.

ni aucun droit de transférer du Christ sur Marie cet aspect du mystère qu'est la corporéité du mystère manifesté parmi nous. S'il est exact que le prologue de l'évangile de Jean donne une interprétation authentique de l'« engendrement d'en haut » en décrivant l'engendrement divin comme étant le mystère de la filiation divine, nous ne serons plus tentés de spéculer avec le catholicisme sur la *virginitas ante partum, in partu et post partum* et de transformer ainsi le mystère en un miracle physiologique ou gynécologique. (Il est bien entendu que l'engendrement divin n'exclut ni ne supprime la génération naturelle par l'engendrement sexuel.) Le fait que Marie ait vécu sa maternité avec toutes les conséquences psychiques et physiques qu'elle comporte et le fait qu'elle ait eu d'autres fils et filles après son « premier-né », comme les récits bibliques permettent de le supposer, n'enlèvent rien à la splendeur du mystère. Le dogme récent de l'Immaculée Conception, d'après lequel la mère du Seigneur aurait été conçue sans la souillure du désir sexuel et aurait été préservée dans le sein de sa mère de la tare du péché originel, compromet plutôt qu'il n'endigue et ne confirme le mystère de l'incarnation car, dans ce cas, le Seigneur n'est pas entré « dans notre pauvre chair et dans notre pauvre sang », et ce n'est plus vraiment avec notre réalité terrestre et humaine que Dieu s'est uni dans le mystère de l'incarnation.

Luther a certes pris à son compte, sans hésiter, la légende médiévale de la virginité permanente de Marie et la croyance populaire en l'« Immaculée Conception », comme il l'a fait pour d'autres traditions. Mais cela ne doit pas nous empêcher de voir que ce contexte ne préserve pas le Mystère qui est, au contraire, remis en question par de telles constructions rationnelles ou théologiques.

La recherche théologique reconnaît unanimement aujourd'hui que les quatre évangiles ne parlent pas d'une manière « historique » de la vie et des actes de Jésus, mais qu'ils entendent décrire et confesser ce Jésus comme le Christ sur le fondement de la foi de l'Église. Cela signifie, me semble-t-il, qu'ils prétendent décrire le Mystère qui s'est manifesté dans cette forme historique. Ce Mystère est inséparablement lié à sa réalité humaine et il est en même temps caché sous une enveloppe qui n'est transparente que pour la foi. Cette remarque concerne aussi le message de Jésus lui-même. Selon le témoignage concordant des trois évangiles synoptiques (Mt 13, 10 s. ; Mc 4, 10 s. ; Lc 8, 9 s.), Jésus définit ainsi le sens et l'effet nécessaire de ses discours en paraboles : ceux à qui « cela est donné » y découvrent les mystères du Royaume des cieux, tandis que les autres ne les comprennent pas. Par ailleurs, le quatrième évangile surtout nous dit que non seulement « les Juifs » mais même les disciples n'ont pas compris au début ce que le Seigneur leur annonçait. Les paroles de Jésus n'étaient donc pas placées sous le signe d'un discours évident, efficace et persuasif au point de vue pédagogique ; elles participent elles-mêmes à l'essence du Mystère qui cache en révélant et qui protège son caractère mystérieux contre une science biblique qui prétend tout savoir et tout expliquer.

Ce que nous venons de dire concerne surtout les miracles de Jésus. Ceux-ci sont des *sèmeia*, des signes de la puissance et de l'amour de Dieu qui s'y manifestent ; le signe veut être reconnu et vénéré dans sa signification ; le miracle veut être admiré. Si Jésus n'avait pas voulu accomplir des signes mais des miracles, pourquoi aurait-il agi en cachette et sans la moindre publicité ? Pourquoi aurait-il interdit aux témoins d'en parler (les récits bibliques insistent sur ce point) ? La distinction établie par Luther entre les *miracula* et les *mirabilia* (seule qualification accordée aux mystères) s'avère juste. Luther disait : les miracles de Jésus *spirant resurrectionem* (respirent la résurrection), ce qui veut dire : ils appartiennent à l'air, à l'atmosphère, à la dimension de la résurrection et par là même au monde à venir qui n'a pas encore été manifesté, mais qui nous permet déjà de découvrir ses traces sur certains points, tout comme une source de lumière se devine à travers les fentes ou les trous d'une paroi. Jésus refuse de satisfaire ici et maintenant le désir de le voir accomplir des miracles, parce que le Mystère ne s'ouvre qu'à celui qui s'ouvre à lui dans la foi et la confiance. Quand Jésus ne rencontrait pas cette foi, il ne « pouvait » rien faire, parce que pour le non-initié ce Mystère n'aurait pas été le mystère du salut.

La gloire du Christ est cachée sous la bassesse et la pauvreté ; elle est cachée sous l'impuissance apparente de celui qui est seul, méconnu et méprisé. Ce voile n'est nulle part plus inquiétant et plus effrayant que dans la mort de Jésus, dans l'opprobre de la croix. Le Dieu qui se révèle en Christ est en même temps le Dieu qui se cache. « Ô grande peine : Dieu lui-même est mort », dit un cantique de Johann Rist. La croix du Christ est définitivement le signe le plus fort de ce caractère voilé de Dieu, de son absence inquiétante et de l'extrême méchanceté des hommes. C'est pourquoi le mystère du Dieu caché relève toujours d'une *theologia crucis* et devient le message de la croix. C'est en parlant de la *divinitas abscondita in infirmitate*, de la divinité cachée dans la faiblesse, que Luther a renouvelé la théologie du Mystère.

La foi de la chrétienté a su et dit dès les origines que le Christ a subi cette mort *pro nobis*, que ses souffrances et sa mort ont effectué notre salut et accompli la rédemption du monde. La foi chrétienne a appliqué au Christ le message d'Esaïe 53 concernant le Serviteur souffrant de Dieu : « Il a porté nos souffrances... il a été percé à cause de nos crimes... c'est par ses meurtrissures que nous sommes guéris. » Luther a parlé à plusieurs reprises du « joyeux échange ». Le Christ, a-t-il dit, a pris sur lui notre faiblesse et notre péché, et par lui et avec lui nous sommes enracinés dans la grâce. Le Réformateur ne s'est pas lassé de proclamer le mystère obscur et consolateur de cet « échange » sans essayer d'expliquer le mystère ou de le rendre accessible à l'entendement et à la logique. Sur ce point comme à propos du mystère de l'incarnation, la théologie a essayé de transformer le paradoxe de cette victoire remportée dans l'échec, de ce salut né du sacrifice, de cette vie issue de la mort, en un système rationnel et intelligible et d'interpréter le fruit de ce sacrifice comme un acte de réparation, qui, à cause de la grandeur même du sacrifice consenti, donnerait satisfaction à la justice de Dieu. Mais ni les représentations artistiques les plus émouvantes ni les spéculations les plus profondes ne peuvent rendre compte de ce mystère ténébreux ; en face de ce mystère insondable, elles en sont réduites à des balbutiements : « Voici l'agneau de Dieu qui ôte le péché du monde. » C'est la puissance de l'amour de Dieu qui se cache sous cette figure de la mort qui est le plus sombre, le plus impénétrable et le plus provocant de tous les « masques » derrière lesquels Dieu cache son visage. La méditation pieuse et humble au pied du Crucifié, telle que l'expriment nos cantiques de la Passion, tient mieux compte du mystère de la croix que ne le font les plus sérieuses théories relatives à la signification de cette mort pour le salut du monde. Comme le Christ lui-même, sa mort est un mystère inaccessible à toute explication rationnelle.

Mais le caractère caché du Christ et le mystère de sa mort n'ont rien à voir avec la distance qui sépare l'idée et la réalité et qui est comme un destin « tragique » qui accompagne toute histoire terrestre. Comme la vie du Christ est cachée sous l'enveloppe de la souffrance et de la mort, le futur est aussi caché sous l'enveloppe du présent. Ce futur, où ce qui est caché sera révélé, a commencé dans la résurrection de Jésus-Christ. Le mystère de la résurrection a, il est vrai, un autre sens que le mystère de l'incarnation ou les miracles ou la mort sur la croix. Ici, en effet, il ne s'agit pas d'un événement extérieur et terrestre, lié au mystère de Dieu qui s'y cacherait en même temps. Ici, il s'agit de l'irruption dans une réalité d'un autre genre, qui casse et qui dépasse toute réalité terrestre et surtout tout ce qui peut être étudié, mesuré, calculé et prouvé. Le Ressuscité est entré dans une nouvelle corporéité qui — selon le récit concordant des évangiles — n'a pas permis, même à ses amis intimes, de le reconnaître. Ses apparitions ont, au premier abord, provoqué la terreur plutôt que la joie ou le renouvellement d'espérances déjà mortes. La résurrection est vraiment l'irruption dans une autre dimension de vie, le commencement d'une nouvelle réalité. Bien sûr, celle-ci est un *mirabile* et non un *miraculum*, parce qu'elle se soustrait aux yeux de ceux à qui « cela n'est pas donné ». Mais elle est un vrai mystère, elle est le mystère dans sa réalité dernière et décisive, parce ce que ce mystère accueille en lui-même ceux qui le perçoivent et les fait participer à la vie au-delà de la mort. On a souvent tenté — et cela se comprend — de remplacer ce mystère par quelque chose d'intelligible, qui ne contredise pas nos préjugés concernant le possible et l'impossible, le concevable et l'inconcevable, mais toutes ces tentatives — y compris la thèse de Bultmann, selon laquelle « Jésus est ressuscité dans le kérygme » — consistent à dire, de façon plus ou moins astucieuse, que le Christ n'est pas ressuscité. Car il ne *peut* pas et il ne *doit* pas être réellement ressuscité, puisque sa résurrection ébranlerait toutes les normes de notre conception pseudo-scientifique du monde. Dans un monde où la raison, l'expérience et la technique exercent un pouvoir absolu et indiscutable, et il ne peut et il ne doit pas y avoir de mystère. Raison de plus pour bannir ce mot et tout ce qu'il signifie d'une théologie plutôt encline à croire à la science qu'à admettre le mystère.

La foi de la chrétienté confesse le *regnum Christi* et, dans ses sanctuaires, l'Église ancienne a représenté le Christ comme *Pantocrator*, comme Seigneur de l'univers. Voilà qui va contre toute apparence et contre toute expérience. Mais l'attente, contraire à toute expérience, de sa victoire définitive, la certitude que l'accomplissement du Mystère mettra fin à l'état intérimaire actuel (où il reste caché) ne peut absolument pas être éliminée du mystère de Dieu. L'affirmation selon laquelle cette victoire du Christ et la venue de son règne sont *tectum sub contrario*, cachées sous la réalité opposée, fait essentiellement partie du Mystère et montre une fois encore que ce Mystère est vraiment le mystère de DIEU.

Mais si ce Mystère n'est porteur de salut que pour le croyant et si chaque mise en ordre implique une séparation, le mystère du Christ signifie une séparation et une décision ultime. « Il est établi pour la chute et pour le relèvement de beaucoup en Israël » (Lc 2, 34). De même que nos années terrestres sont des années « avant Jésus-Christ » ou « après Jésus-Christ », de même tout événement petit ou grand participe au mouvement qui va vers le Christ ou qui éloigne de lui. C'est pourquoi le « paganisme postchrétien » diffère totalement du paganisme préchrétien, et c'est pourquoi quiconque abandonne le Christ ressemble à un voyageur qui s'éloigne de la lumière qui éclaire et du feu qui réchauffe, pour s'égarer dans le désert et pour se perdre. On peut être scandalisé et choqué par ce mystère : « Celui qui s'approche de moi s'approche du feu. » Quiconque tente de se servir de ce feu pour allumer un « feu de Bengale » capable d'illuminer le monde, quiconque « veut se réjouir une heure à sa lumière » (Jn 5, 35), s'abîme dans ce mystère qu'il ne reconnaît et qu'il n'honore pas en tant que mystère. La mort de tant d'âmes, le froid et la sécheresse qui menacent la vie de l'esprit ont leur origine dans le bavardage intellectuel et peut-être même spirituel, qui parle du Christ d'une manière intelligente et pleine de sens, mais rapide et superficielle, sans reconnaître en lui le mystère de Dieu. Le Mystère est une arme à double tranchant ; il est une puissance dangereuse.

2
La vie chrétienne en tant que mystère

L'EXISTENCE CHRÉTIENNE

Dans l'article XIII de l'*Apologie de la Confession d'Augsbourg (De numero et usu sacramentorum)*, Melanchthon écrit :

> Si on voulait appeler du merveilleux nom de « sacrement » tout ce qui est ordonné par la Parole de Dieu, il serait juste d'appeler la prière un sacrement ; on pourrait aussi compter les aumônes parmi les sacrements, de même que la croix et les souffrances des chrétiens, car elles bénéficient, elles aussi, de la promesse de Dieu.

Dans l'article XXII *(De missa)* où il parle du *juge sacrificium*, du sacrifice quotidien (Ml 3, 3), il dit que ce sacrifice dû à Dieu tous les jours ne comprend pas seulement les « cérémonies », mais aussi la prédication de l'Évangile et le fruit de cette prédication, à savoir notre sanctification. Car le *juge sacrificium* désigne le sacrifice spirituel et l'offrande quotidienne des cœurs. « Tel sont la connaissance du Christ et l'Esprit Saint dans le cœur » (art. XXIV, 36.39). Melanchthon refuse donc d'isoler ce qui est « sacrement » dans la messe (et dans d'autres cérémonies sacramentelles), et il insiste sur la relation intime qui existe entre les sacrements et toute la vie du chrétien, inspirée par l'Esprit. Il est vrai que le mot « mystère » n'est pas employé à ce propos, mais il est clair qu'il s'agit ici d'un ensemble plus vaste qui peut être cerné par le mot de « mystère », mais non par le concept de sacrement. Voilà pourquoi nous avons raison de considérer ici la vie chrétienne elle-même sous l'angle du mystère qui s'y manifeste.

Il est pourtant bon et dans une certaine mesure nécessaire de ne pas passer trop rapidement sur l'élément profondément humain que nous rencontrons d'abord dans le mot « mystère ». Tout ce qui est vivant comporte une profondeur mystérieuse, inaccessible à l'observation la plus attentive et à l'explication la plus pénétrante. La vie a besoin d'une enveloppe qui la protège et qui la cache pour qu'elle puisse se développer et s'acheminer vers son plein épanouissement. Nous sommes certes capables d'observer la croissance de la vie, mais le sang qui nourrit la croissance dans l'organisme vivant coule dans des veines secrètes et la sève qui monte dans l'arbre est à l'abri derrière la coquille ou l'écorce protectrices. Il en va de même pour la vie personnelle et pour la vie « spirituelle » de l'homme. Il est indispensable pour la santé d'un peuple que les individus et surtout les familles aient dans leur foyer *(Heim)* leur secret *(Heimlichkeit)*, leur vie privée dont les souffrances et les joies, les soucis et les fêtes ne doivent pas être étalés en public. De même, la vie personnelle de l'individu a besoin d'une profondeur silencieuse, d'un secret nocturne, pour que ses racines ne se dessèchent pas. La vie même est menacée dans ses profondeurs quand tous les rideaux sont écartés et quand tout ce qui se passe à juste titre dans l'intimité est livré à l'opinion publique, tous les tabous qui doivent protéger cette sphère intime étant brisés avec une voluptueuse rage de détruire. – La psychanalyse nous a appris l'existence de profondeurs secrètes qui ont une importance décisive pour l'être et le devenir, pour la maladie et la guérison. Mais toute recherche psychologique qui n'est pas animée par l'ambition de vouloir tout découvrir et tout expliquer connaît ses limites ; elle sait qu'il n'est pas toujours opportun ni utile de mettre en lumière ce qui était caché et que cette démarche peut être dangereuse. Toute la vie humaine a besoin d'une chaste discrétion et quand cette chasteté est violée par un bavardage vaniteux ou méchant, ou par un vulgaire besoin de sensationnel, un ordre vital profond est détruit et anéanti au même titre que la pudeur corporelle. Au fond, même l'antique expérience du « connais-toi toi-même » ne nous demande pas seulement l'impossible ; elle est dangereuse au plus haut point. Elle peut devenir un supplice lourd de conséquences, qu'on s'inflige à soi-même. Il suffit que Dieu connaisse nos secrets – en bien et en mal – et nous ne devons pas faire apparaître en pleine lumière ce qui s'est passé ou qui se passe en cachette, sous prétexte d'un stupide fanatisme pour la vérité. C'est chez Matthias Claudius que nous trouvons ce conseil plein de sagesse : « Si quelque chose t'a déchiré le cœur, laisse-toi bouleverser, et n'en parle qu'à Dieu, mais n'en parle à aucun homme. » C'est pourquoi tout bavardage spirituel est aussi mauvais que les habituels commérages sur ce qui ne nous regarde pas. Dans les cas, peu nombreux, où il est vraiment salutaire et nécessaire de révéler quelque fardeau secret et ainsi de nous en libérer dans une certaine mesure, l'entretien pastoral (qui ne doit pas forcément être engagé avec un pasteur en titre) ou la confession privée s'offrent à nous, mais même ces « eaux pures et purifiantes » (Nietzsche) doivent être préservées de tout bavardage présomptueux et inutile, pour que le « puits secret » ne soit pas souillé et pour que, au lieu d'être classés parmi les « cas intéressants », les secrets soient ensevelis dans la « tombe du silence ».

Ces réflexions très nécessaires nous maintiennent cependant à la périphérie de ce que veut dire le mot « mystère ». Or, nous ne voulions pas parler du mystère de l'homme, mais du mystère de Dieu, et sur ce point il faut dire immédiatement que toute vie spirituelle, ou disons plus prudemment et plus sobrement la vie du chrétien, est elle-même un mystère ; elle est un effet du mystère de Dieu et une participation à son mystère. Elle est l'œuvre de Dieu en nous ; elle est le fruit que porte la semence de l'appel de Dieu. Pour parler d'une manière plus précise, elle est la participation au mystère du Christ, qui veut advenir toujours à nouveau pour les fidèles et en eux. Dieu accomplit dans ses enfants ce qu'il a accompli dans le Christ. C'est la raison pour laquelle ils s'appellent « enfants de Dieu », ou, selon une expression plus courante dans le Nouveau Testament, « fils de Dieu ». La vie du chrétien est intégration dans le corps du Christ et conformité avec lui. Il s'agit pourtant là de tout autre chose que de ce que la « Dévotion moderne » du Moyen Age finissant appelait *imitatio Christi*.

Cette manière de comprendre la vie chrétienne comme une forme du Mystère s'oppose à deux conceptions différentes. Elle nie catégoriquement que l'homme lui-même est divin, qu'il n'a qu'à scruter son for intérieur pour percevoir la voix de Dieu et pour entendre sourdre en lui les torrents de l'éternité (on pourrait trouver d'autres expressions romantiques pour qualifier cette foi présomptueuse). Cette compréhension n'admet pas non plus que l'on parle de la « naissance de Dieu dans l'âme » ; elle s'oppose avec vigueur à l'opinion selon laquelle l'homme découvre en lui-même un mystère divin et selon laquelle la connaissance de Dieu n'est qu'un nouvel entendement de lui-même. Dans cette optique, la vie spirituelle ne serait rien d'autre que l'éveil et l'épanouissement du germe de vie divine sommeillant dès le début dans l'homme. Notre conception affirme au contraire que la vie spirituelle dans sa plénitude s'éveille seulement dans la rencontre de l'homme avec le « Tu » divin qui n'est nullement identique avec lui et que c'est seulement dans cette rencontre que l'humain naît vraiment. – Cette conception contredit avec la même énergie l'erreur opposée. Elle n'admet pas qu'on parle seulement de Dieu comme d'un « Tout autre », de quelqu'un qui reste pour toujours un étranger dont l'homme est définitivement séparé. Elle ne veut pas que l'on parle de l'homme de manière négative ou en termes de désespoir ; elle pense même qu'on fait injure à Dieu quand on ne peut rien dire d'autre de l'homme sinon qu'il est pécheur, perverti et damné. Car cette conception croit dans le Mystère ; elle croit fermement que Dieu vient vers nous, qu'il s'allie à nous et qu'il nous a élus et façonnés autrement que toutes les autres créatures pour que nous soyons le temple de sa présence active. Cette unification mystérieuse du vouloir et de l'agir de l'homme et de Dieu a trouvé son expression classique dans une parole de l'apôtre Paul : « Travaillez à votre salut avec crainte et tremblement... car c'est Dieu qui opère en vous le vouloir et le faire » (Ph 2, 12 s.). Cette manière paradoxale de parler est une expression typique du mystère conceptuellement illogique de la présence et de l'action de Dieu dans l'existence humaine ; mais cet emboîtage indissoluble constitue l'essence même de l'existence chrétienne ; l'homme doit « œuvrer » pour son salut avec crainte et tremblement, et il le veut et il en est capable parce que Dieu crée en lui à la fois cette volonté et cet accomplissement.

En disant cela, nous décrivons en même temps l'œuvre de l'Esprit Saint dans l'homme. Il existe, en effet, une analogie très précise entre ce que nous décrivons ici comme l'effet et la réalisation de la présence du Mystère, et ce que la foi en l'Esprit Saint veut exprimer. *Spiritus est qui loquitur mysteria*, c'est l'Esprit qui dit les mystères (Luther). En effet, l'essence même de la foi en l'Esprit de Dieu exige que cet Esprit ne fasse pas seulement son œuvre dans l'homme et pour lui, mais qu'il mette l'homme lui-même en mouvement et qu'à travers l'homme, à travers l'activité propre de l'homme, il fasse avancer l'œuvre de Dieu. L'homme devient ainsi – pour le dire d'une manière exagérée – le sujet de l'action divine. Or, tels sont précisément le but du mystère de la vie spirituelle et la manière dont il se réalise.

Voyons maintenant ce que cela signifie concrètement pour les trois formes essentielles de la vie chrétienne : la prière, l'amour et l'ascèse.

En comprenant la *prière* comme une forme du Mystère, nous

voulons dire que dans toute vraie prière il se passe quelque chose qui ne peut pas être interprété comme un acte rationnel et utilitaire, ni surtout comme un simple monologue de celui qui prie. Il s'agit ici d'une rencontre et d'une relation avec une réalité qui ne s'identifie pas avec celui qui prie et que cette rencontre le dote de connaissances et de forces qui n'ont pas leur origine en lui-même et dont il ne dispose pas. Le fait que l'homme soit prêt à s'adresser à un « tu » qu'il ne peut ni voir ni concevoir, à le prier, à le remercier, à le louer et à l'adorer, est tout simplement un fait mystérieux qui dépasse toute constatation et toute preuve. C'est un risque qui ne connaît ni ne veut connaître aucune garantie. Ce risque est le fruit d'une confiance qui n'est certes pas sans fondement, mais dont le fondement ne peut être fondé par aucun argument. Une telle confiance ne peut exister qu'au niveau du Mystère *(en mystèrio)*, et c'est à ce niveau seulement que l'homme trouve le courage de prendre ce risque. Toute prière demande en fin de compte que Dieu soit présent et qu'il agisse dans nos pensées, dans notre volonté, dans nos actes et aussi dans les profondeurs du subconscient où se tissent et se nouent les fils qui forment le merveilleux tissu de notre vie. – Mais parce que notre cœur déraisonnable et obstiné s'oppose encore et toujours à cette présence de Dieu, à son appel, à sa direction et à son règne et qu'il veut demeurer autonome, chaque prière authentique constitue un sacrifice où nous nous offrons nous-mêmes à Dieu (esprit, âme et corps) et où nous nous mettons à sa disposition pour être les instruments de sa volonté et le lieu où elle s'exerce. C'est pourquoi, en particulier dans le passage déjà cité de l'*Apologie*, la Réforme a bien fait de ne pas admettre l'opinion qui restreint le sacrifice à la messe et de rappeler que la *prière* est le vrai sacrifice offert par l'homme à Dieu et que toute la vie chrétienne ne peut exister sans ce sacrifice toujours renouvelé. Le calice ouvert vers le haut dans l'attente du breuvage salutaire est le symbole authentique de l'Église en prière. « Seigneur, viens habiter en moi. Permets que mon esprit devienne ici-bas un sanctuaire à toi consacré. » Lorsque l'homme qui prie s'offre vraiment à Dieu pour être sa demeure et son sanctuaire, le mystère de l'action de Dieu à travers cette vie humaine se réalise. Certes, il est défendu à l'homme de vouloir imposer sa volonté par un acte magique et incantatoire, comme cela arrive par une affreuse perversion de ce mystère ; mais Dieu entre en relation avec l'homme et accomplit à travers cet homme son œuvre dans le monde. Tel est le mystère de la prière.

Nous sommes donc en profond accord avec la manière de penser et de parler de la chrétienté primitive et avec les certitudes acquises par la Réforme lorsque nous ne comptons pas la prière au nombre des sacrements, mais lorsque nous y voyons une forme du Mystère. Cela veut dire également que Dieu lui-même est la force qui nous pousse et nous porte dans nos prières. On comprend très mal la parole que, d'après l'évangile de Jean, le Seigneur a adressée à la Samaritaine, en lui disant que Dieu est esprit et qu'il veut donc être adoré « en esprit et en vérité » (Jn 4, 24), quand on en tire la conclusion que la prière purement intérieure est la seule valable et qu'il faut rejeter toute prière formulée et rédigée. Cette parole de l'Évangile signifie au contraire que c'est Dieu, le souffle qui crée la vie, qui doit et peut d'abord insuffler à notre prière son caractère vraiment vivant. C'est pourquoi, comme le dit Paul (Rm 8, 20), l'Esprit de Dieu doit d'abord venir en aide à l'embarras qui est le nôtre lorsque nous ne savons pas ce que nous devons demander, ni comment nous devons prier ; l'Esprit accepte notre gémissement muet et impuissant et en fait une prière qu'il porte devant Dieu. Face à cette action de l'Esprit Saint, toutes les questions relatives à une formulation correcte et aux rites de la prière ont aussi peu d'importance que la question de la Samaritaine qui voulait savoir s'il convenait de prier sur le mont Garizim ou sur la montagne de Sion (Jn 4, 20).

Il n'est donc pas étonnant de voir qu'une théologie qui ne sait au fond parler que d'une nouvelle conscience que l'homme a de lui-même se trouve embarrassée et impuissante quand il s'agit de la prière. La vraie prière est une participation personnelle au Mystère qui ne laisse aucune place à la foi rationnelle en la science humaine.

Il peut être surprenant au premier abord de nous voir placer l'*amour* parmi les mystères, en tant que forme de la vie chrétienne. Certes, cette manière de voir ne s'applique pas à tout ce que, de nos jours, on affuble du nom d'« amour » sans que cela mérite un tel honneur. Mais elle s'applique bien à ce que le Nouveau Testament entend par « amour » ; cette *agapè* — cet amour qui ne désire ni ne possède mais qui donne — est toujours décrite comme une manifestation et un rayonnement dégagés par l'amour dont Dieu a « aimé le monde » (Jn 3, 16). Cet amour, qui a son prototype dans l'amour de Dieu et donc dans l'amour du Christ, est l'objet du « commandement nouveau » et constitue par là même un signe certain de la qualité de disciple (Jn 13, 34 s.) ; il est le fruit du pardon reçu (Lc 7, 47) et le sceau qui scelle le passage de la mort à la vie nouvelle (1 Jn 3, 14). Certains théologiens contemporains ont tendance à détacher l'amour du prochain de son enracinement dans l'amour de Dieu et à réduire l'existence chrétienne à la pratique de l'amour envers les hommes *(Mitmenschlichkeit)*. Cette conception fait de l'amour un comportement humain dont nous serions les auteurs et les maîtres ; et elle nie le lien qui existe entre cet amour et Dieu qui s'atteste lui-même à travers cet amour comme celui qui aime, faisant ainsi apparaître l'homme comme sujet de l'agir divin. Dans son exégèse de la 1re épître aux Corinthiens (« La résurrection des morts »), Karl Barth affirmait naguère que l'amour dont parle 1 Co 13 n'est pas une possibilité appartenant à l'homme, mais « la possibilité de Dieu agissant dans l'homme ». Le théologien suisse a donc défini, à juste titre, l'amour comme une manifestation du Mystère. La « vie nouvelle » est la vie du Christ dans les dimensions de l'existence humaine. En se plaçant en dehors de ce contexte, on fait de la vie chrétienne une affaire de morale, et quand l'amour personnel du prochain et la bienfaisance bourgeoise sont remplacés par la responsabilité sociale et par la volonté révolutionnaire de changer les structures, on n'évite nullement qu'une nouvelle forme de justification par les œuvres remplace le Mystère (à savoir la présence et l'action de Dieu). – Parce que l'amour est un mystère, nous ne pouvons jamais en disposer ; nous ne pouvons pas prendre la résolution d'aimer de cette manière-là et nous ne pouvons jamais constater que l'amour de Dieu a manifesté sa puissance en nous. Cet amour est strictement soumis à la règle selon laquelle la main gauche ne sait pas ce que fait la main droite, sinon il ne serait pas un mystère.

Il est peut-être plus étrange encore de nous voir placer l'*ascèse* parmi les manifestations du Mystère dans la vie du chrétien. Mais si la prière est engagée dans une lutte incessante avec notre égoïsme, avec l'inconstance de notre âme et avec notre activisme inlassable et si, à plus forte raison, l'amour est sans cesse menacé par nos désirs vulgaires et encore plus par la confusion avec un amour égoïste qui ne demande qu'à posséder, à bien plus forte raison encore l'ascèse est une lutte toujours nécessaire contre les blocages, contre l'engourdissement et contre tout ce qui perturbe notre vie spirituelle. Il est vrai que le mot grec *askesis* ne désigne d'abord que l'« exercice » en général et qu'il n'a pas, à l'origine, la connotation négative que le mot « ascèse » a pris dans notre langue. La manière dont l'Église catholique romaine utilise les mots d'« ascèse » et d'« ascète » a mieux préservé ce sens large d'un exercice destiné à entretenir et à développer la vie spirituelle. Le mot d'« ascèse » se rapproche alors de celui d'« édification ». Mais cet exercice concerne toujours en même temps notre vie physique, parce que la vie de l'esprit ne peut pas être enfermée dans le domaine des phénomènes psychiques et spirituels. Elle constitue bien plutôt la présence de Dieu dans le tout indivisible de notre existence humaine. C'est pourquoi les formes les plus variées de l'exercice physique sont également au service de la vie spirituelle, et il serait juste d'appliquer et d'étendre le mot d'« ascèse » à cette préparation active du corps. – D'autre part, il n'est pas faux d'appliquer ce mot à une situation de combat, à la maîtrise de soi et au renoncement. Car la contradiction et la résistance, qui se sont élevées dans la Passion du Christ contre le mystère de la présence de Dieu, se retrouvent dans les expériences et les tentations de toute vie spirituelle véritable. Cette résistance ne provient certes pas uniquement de notre corps, mais ce serait une grande erreur et une illusion dangereuse d'admettre que seule notre nature physique s'oppose à la vie de Dieu en nous. Nous sommes impliqués profondément et de nombreuses manières dans la vie du cosmos tout entier et notre nature humaine tient non seulement de la plante mais aussi de l'animal à tel point que la paresse de notre corps et les pulsions chaotiques de notre sang provoquent sans cesse des blocages et des obstacles dans notre vie spirituelle. Notre attention vigilante, notre lutte déterminée contre ce qui menace et entrave notre vraie vie sont donc requises. Les épîtres du Nouveau Testament et les paroles de notre Seigneur lui-même sont remplies d'appels à ce combat. Le guerrier armé pour la bataille est l'image même de celui qui s'est engagé dans ce combat (Ep 6, 10 s.). L'introït de la prière du soir nous le rappelle sans cesse : « Votre adversaire, le diable, rôde comme un lion rugissant, cherchant qui dévorer ; résistez-lui ! » (1 P 5, 8). Mais la raison décisive qui nous pousse à parler de l'ascèse à propos du Mystère réside dans sa motivation. En tant que forme de la vie chrétienne, l'ascèse n'a pas en effet son origine dans le mépris du corps ni dans une dépréciation ou dans un refoulement des fonctions du corps (qui considèrent comme impie le simple plaisir de manger et de boire et comme une souillure toute pulsion sexuelle), mais dans la certitude que notre corps est l'aspect que prend l'existence humaine selon la volonté du Créateur ; ce corps est le domicile et l'atelier de l'Esprit divin. Parce que le corps est le temple du Saint-Esprit et que nous sommes appelés à « glorifier Dieu dans notre corps » (1 Co 16, 19 s.), nous lui devons une attention et une vigilance qui correspondent à sa vocation. Le

Mystère est la présence de Dieu dans notre vie humaine et il est donc le seul motif qui inspire tout exercice (positif ou négatif). C'est pour cette raison que l'ascèse fait partie des manifestations du Mystère.

Quelques images bibliques

Sans rien ajouter de nouveau à ce qui vient d'être dit, expliquons et confirmons l'application du concept de « mystère » à la vie chrétienne, en passant en revue les images dont le Nouveau Testament lui-même se sert pour parler de la vie du chrétien.

Continuant le récit de la multiplication des pains, le chapitre 6 de l'évangile de Jean affirme que la chair du Fils de l'homme est la vraie *nourriture* et que son sang est le vrai *breuvage*. Avec sa rigueur qui provoque le scandale, avec sa brusquerie qui excite la contradiction, ce discours soulève l'incompréhension et la contestation de la part des « Juifs ». Mais cette contestation ne vient pas du fait que ces Juifs seraient une race particulièrement réprouvée, spécialement inaccessible au mystère de Dieu ; elle est l'inévitable contestation de l'homme naturel doté d'une certaine connaissance de Dieu – mais d'une « connaissance » seulement –, capable de parler de Dieu – mais de « parler » seulement –, possédant de justes notions de Dieu – mais des « notions » seulement. Cet homme-là n'est pas touché par le mystère de la rencontre et de la relation avec le Dieu vivant. Cette participation, ou plutôt cette possibilité de prendre part au mystère est exprimée dans le langage johannique par une image très ancienne : l'homme doit « absorber » Dieu comme une nourriture et comme un breuvage. La nourriture et le breuvage dont nous avons besoin pour notre vie physique viennent en effet du dehors ; l'homme se renouvelle dans son existence physique à partir de forces et d'éléments de la vie végétale et animale. Il a besoin de ce qui n'est pas lui-même pour demeurer, dans les limites de son espace vital terrestre, ce qu'il est. Mais, alors que cette nourriture corporelle lui permet seulement de prolonger sa vie sans la soustraire d'aucune manière au caractère nécessairement éphémère et corruptible de la vie terrestre, il se voit offrir un pain qui « vient du ciel » en toute vérité et qui lui permet de participer à la vie incorruptible de

Dieu. Ce pain, c'est Jésus-Christ. La précision choquante avec laquelle l'évangile parle de la « chair » et du « sang » du Fils de l'homme souligne clairement qu'il ne s'agit pas ici d'une idée « christique » générale qui pénétrerait le monde entier, mais de la réalité d'une vie humaine qui est entrée dans l'histoire et qui s'offre elle-même au monde comme nourriture et comme breuvage. Cette nourriture offerte en sacrifice doit être reçue et accueillie ; le pain du ciel doit être « mangé », le breuvage du salut doit être « bu », pour que sa puissance puisse agir dans l'homme. Nous trouvons ici la description même de la « vie » dont l'évangile de Jean rend témoignage et qui doit être édifiée, nourrie et garantie par la participation au mystère du Christ. Ce n'est pas par hasard que Luther a décrit ce mystère dans un cantique de Pâques :

> Christ lui-même veut être le repas ;
> il veut seul nourrir l'âme ;
> la foi ne veut vivre de rien d'autre.

Voici maintenant une deuxième image qui semble se situer à l'opposé de la première mais qui y est au fond étroitement liée ; c'est l'image du champ et de la *semence*. « Il en est du Royaume de Dieu comme d'un homme qui jette la semence en terre » (Mc 4, 26). « La semence est la Parole de Dieu. » Mais cette parole n'est pas une parole isolée, relative à Dieu ; elle n'est pas une doctrine théologique ou un sermon, ni même une parole prophétique ou une parole du Seigneur lui-même. Elle est le mystère même de la présence de Dieu. Dieu qui tourne sa « face » vers l'humanité, qui la « regarde », qui cherche un foyer et une demeure sur la terre ; Dieu qui répand sur l'humanité son Esprit, sa force active comme une pluie fécondante (Es 55, 10), ce Dieu veut être reçu et accueilli. Comme le grain a besoin de la terre pour devenir, en son sein fertile, une semence, un germe vivant, ainsi Dieu cherche au sein de l'humanité l'âme prête à s'ouvrir à lui et à le recevoir. Comme la terre doit être défoncée et retournée par le soc de la charrue pour qu'elle puisse accueillir la semence, l'homme doit être « défoncé » pour que le germe qui engendre la vie divine puisse pénétrer, prendre racine, agir efficacement et se développer en lui. Cette image décrit, elle aussi, le mystère de la relation secrète entre le ciel et la terre, qui trouve dans la nature une véritable parabole. La Réforme n'a rien voulu dire d'autre en affirmant que l'homme est sauvé par la foi seule.

La personne de *Marie* ne constitue pas une image différente, mais c'est la même transférée au plan humain. L'ange du Seigneur entre chez elle ; le message céleste pénètre dans son cœur et remplit son être tout entier ; la « puissance du Très Haut vient la couvrir de son ombre ». Pour parler comme l'Église ancienne, elle a reçu le Christ dans son cœur avant de le concevoir physiquement dans son sein. La « vierge Marie », cette humble « servante du Seigneur », ne doit cependant pas être isolée comme un personnage miraculeux ; elle est en même temps le symbole de l'humanité croyante et de chaque âme croyante ; son sein béni de Dieu est l'image de la pure réceptivité qui obtient seule de participer à la vie de Dieu. Toutes les spéculations sur la question : « Comment cela se produira-t-il ? », et toutes les constructions relatives aux aspects physiologiques de ce miracle font du *mirabile* un *miraculum* et passent ainsi à côté du Mystère qui a trouvé ici son expression décisive.

Une troisième image : la transmission du message, la diffusion des mystères de Dieu est souvent exprimée par l'image d'un *acte de procréation.* « Je vous ai engendrés en Christ par l'Évangile » (1 Co 4, 15 ; cf. Phm 10) ; « Il vous a engendrés par la Parole de vérité » (Jc 1, 18) ; on peut même dire, en se servant d'une image particulièrement osée, que « la semence de Dieu » est en nous (1 Jn 3, 9). L'engendrement physique n'est pas dévalué par le fait qu'il sert ici d'image pour un phénomène d'un tout autre ordre. Il faut cependant dire clairement que le mystère ne peut pas être transmis par la génération sexuelle, comme le laissaient entendre les conceptions, les idées et les rites des « mystères » grecs et orientaux (cf. Jn 1, 12 s.). Même un tel « engendrement spirituel » doit être reçu et « accueilli ». Aucune transmission purement verbale ou rhétorique ne peut pénétrer dans les zones cachées où une nouvelle vie est suscitée. On est tenté de dire que toute théologie antimystérique est un engendrement avec des contraceptifs. On veut soigneusement éviter « qu'il arrive quelque chose », c'est-à-dire qu'une vie nouvelle soit vraiment suscitée.

Cette autre face de l'engendrement que représentent la conception et la naissance est au fond l'image capitale utilisée par l'Écriture pour décrire le mystère de la vie spirituelle. « Si un homme ne naît de nouveau, il ne peut voir le Royaume de Dieu » (Jn 3, 9). Cette parole peut aussi signifier : si un homme n'a pas été conçu d'en haut... Seul le contact avec l'« autre » monde, seule la fécondation de l'homme par la puissance de Dieu, peut susciter en l'homme ce qui veut naître et prendre forme en lui. C'est pourquoi l'expression « nouvelle naissance » ne doit pas nous faire penser à des expériences de conversion de type piétiste, à des transformations soudaines, qui peuvent se produire à des moments précis de crise avec des ébranlements psychiques violents. Ces phénomènes existent, certes, et il est probable qu'ils se produiront d'autant plus fréquemment que notre manière tout ordinaire d'être chrétiens sera secouée et arrachée plus fondamentalement à sa torpeur. Mais on ne peut pas ériger en règle et en norme de la vie chrétienne des événements qui sortent de l'ordinaire. L'image biblique de la nouvelle naissance (ou de l'engendrement d'« en-haut ») ne signifie rien d'autre que ceci : la vie spirituelle n'a aucunement sa source en nous-mêmes, ni dans les relations naturelles qu'établissent la génération physique et le sang, mais dans le fait que Dieu vient habiter notre espace humain. Le sens de cette image rejoint donc celui des images de la nourriture et du breuvage, de la semence, de l'engendrement et de la conception ; toutes veulent dire que la vie spirituelle est le mystère de la présence de Dieu dans la vie de chaque chrétien en tant que personne.

L'histoire du prophète Jonas, englouti par un gros poisson, puis miraculeusement délivré de cette prison mortelle et éveillé à une nouvelle obéissance, cette histoire fait également partie des images bibliques qui représentent le grand mystère de la nouvelle naissance. Au centre du « Psaume de Jonas » (chap. 2), qui est sans doute un ajout tardif, figure ce verset capital (v. 2), que Luther a traduit ainsi : « Du ventre de l'enfer, j'ai crié vers toi. » Le texte révisé a épointé l'image en disant : « De la gueule de la mort, j'ai crié vers toi. » Or, il n'est justement pas question ici de « gueule » (du grand poisson) ; le mot hébreu original désigne proprement le sein maternel de la femme. Le verset en question signifie donc que le monde de la mort est devenu pour Jonas le sein maternel où se produit une nouvelle naissance, et il nous offre ainsi l'expression la plus forte pour dire le mystère de la nouvelle naissance et le secret de la vie spirituelle, ainsi que l'image la plus audacieuse pour décrire la participation à la mort et à la résurrection du Christ et, par là même, la signification la plus profonde et la plus intérieure de la vie chrétienne.

Nous mentionnerons pour terminer une image qui n'est pas biblique, mais que Luther a souvent utilisée pour traduire cette relation mystérieuse. Le lien avec le Christ, l'union de l'âme avec la Parole divine, ce « joyeux échange » inspire aussi à Luther l'image du fer incandescent, où le fer et le feu sont fondus en une complète unité. Cette image peut encore une fois montrer clairement que cet « Autre » qui s'unit à la matière terrestre n'est pas une autre « substance » ; il n'est même pas un objet du tout. Cette image souligne également que le fer saisi par le feu ne cesse pas d'être du fer ; mais il est devenu du fer incandescent que l'on peut, dans cet état-là, travailler et transformer. Ainsi se trouve, une fois encore, décrit le cœur même du Mystère.

« Dans, avec et sous... »

Nous avons déjà reconnu que la formule « dans, avec et sous... » aide à comprendre le Mystère sous toutes ses formes et nous sommes confirmés dans ce que nous avons dit de la vie spirituelle en soulignant combien cette formule tripartite s'applique aussi à la vie chrétienne en tant que mystère.

En accord avec Friedrich Gogarten et en nous référant à Luther, nous avons souligné que la divinité du Christ ne doit être cherchée nulle part ailleurs que dans son humanité ; l'homme Jésus est le lieu où le mystère de Dieu – ou disons avec plus de précision : Dieu lui-même en tant que mystère – se manifeste et s'insère dans l'histoire. C'est dans ce sens que la *configuratio cum Christo* en tant que noyau de la vie chrétienne n'a son lieu nulle part ailleurs que dans la vie naturelle et quotidienne de l'homme sur cette terre. Il y a un lien très profond entre l'incarnation, la présence de Dieu dans la réalité physique de la vie terrestre, et la démarche de l'Esprit Saint qui cherche son lieu et sa demeure dans notre existence humaine et terrestre. Le Christ en nous, cela veut dire : en nous, les hommes qui vivons sur cette terre, qui sommes soumis à ses lois et appelés et engagés à son service. La grande tentation consisterait à situer cette « vie spirituelle » dans un domaine spécial, *à côté* de l'existence terrestre, dans un domaine « sacré », à côté du domaine de notre travail et de notre vocation terrestre, dans une province religieuse, affectée aux besoins et aux expériences spirituels, alors que, bien entendu, tout le reste du pays serait gouverné par d'autres lois. Cette manière de voir autorise l'homme pieux et les cercles de « pratiquants » à cultiver la « vie spirituelle », ou ce que l'on désigne par ce terme, dans quelque recoin isolé de leur existence. En revanche, dans le domaine de la vie réelle, là où les hommes travaillent, peinent, mangent, boivent, engendrent et mettent au monde des enfants, là où ils font du commerce, où ils prennent soin de la culture, où ils produisent des œuvres techniques, font de la politique et font la guerre, la vie spirituelle n'a pas droit de cité ; elle n'a ni le droit ni la possibilité de s'y développer. On nie ainsi et on détruit au fond le Mystère – le mystère passionnant et insondable de Dieu qui veut habiter et œuvrer précisément dans ce domaine terrestre.

Il n'existe aucune forme ni aucun secteur de notre vie terrestre qui ne doive pas devenir en même temps et à sa manière particulière le lieu, le domicile et le vase de cette vie nouvelle. Notre vie naturelle d'homme, de femme, d'enfant, d'adulte ou de vieillard, de membre d'une catégorie sociale donnée, de paysan, d'ouvrier, de commerçant, d'enseignant, de fonctionnaire, de soldat ou d'homme d'État, d'hommes qui parlent une certaine langue, de citoyens d'un État donné ou d'enfants d'une époque donnée – tout cela et tout ce que l'on pourrait encore y ajouter est le lieu où le Christ doit prendre forme s'il est vraiment ce que nous disons, à savoir le *Kyrios*, le Seigneur. Si ce n'est pas dans ces domaines et dans ces relations-là que nous vivons notre vie « spirituelle », nous n'avons pas de vie spirituelle du tout. On ne peut pas se soustraire à ces conditions naturelles pour vivre une vie « spirituelle » quelque part en marge du monde ; et si on le pouvait, ce serait une entreprise dangereuse, un « pieux simulacre ». C'est pourquoi Luther s'est entêté à arracher les chrétiens à toute forme de « sainteté » choisie par eux-mêmes, à toute œuvre monastique, et qu'il a prêché infatigablement le devoir d'être chrétien au sein de nos institutions humaines naturelles, dans l'état et dans l'œuvre auxquels Dieu nous a appelés.

Lorsque j'ai rédigé, il y a vingt-cinq ans, *La Règle de la vie spirituelle*, j'ai discuté sérieusement la suggestion qui m'était faite de ne pas parler de « règle de la vie spirituelle », mais de « règle spirituelle de la vie » pour que l'on ne s'imagine pas que cette règle devrait promouvoir une « vie spirituelle » située à côté de la vie quotidienne. A l'époque, je n'ai pas accepté cette suggestion pour la seule raison qu'une telle « règle spirituelle » pourrait prêter à malentendu et induire en erreur. C'est pourquoi, ici même, nous n'avons pas parlé sans réserves et sans hésitation d'une « vie » spirituelle du chrétien, mais nous avons mis ce mot entre guillemets pour éviter qu'il soit interprété à tort dans le sens de cet isolement dangereux. De toute façon, si nous ne nous comportons pas en hommes « spirituels » dans notre famille, à l'usine, au bureau, dans la salle de classe, dans le train ou à la caserne et même pendant la guerre, le mot « spirituel » n'est qu'un rêve romantique, une illusion pieuse ; il ne désigne pas alors la réalité du Dieu vivant dans le domaine terrestre.

Certains hommes ont, certes, reçu une vocation particulière qui les a appelés à quitter les situations et les liens naturels de la vie pour se consacrer à un service particulier. François d'Assise nous offre un des grands exemples d'une telle vocation. En tant que protestants nous avons sans doute tendance à ne pas donner beaucoup de place à ce qui sort de l'ordinaire, à ce qui fait éclater les critères de la normalité bourgeoise, et à considérer des manifestations de ce genre avec une certaine méfiance. Peut-être sommes-nous parfois injustes sur ce point et faisons-nous trop peu de cas du caractère extraordinaire des directives et des voies de Dieu. Il faut pourtant se demander si, dans certains cas, la foi en une vocation qui exemptait un homme de ses obligations naturelles ne reposait pas sur un malentendu concernant la volonté de Dieu, sur un malentendu qui favorisait une fuite devant les charges de la vie et qui poussait celui qui se sentait ainsi appelé à esquiver sa véritable vocation. Quoi qu'il en soit, nous n'avons aucune raison ni aucun droit de penser qu'un homme qui a reçu et accepté une telle vocation extraordinaire aurait devant Dieu un rang plus élevé et une dignité plus grande que n'importe quel autre qui a fait ses preuves dans un engagement plus modeste. La sainteté de Dieu est un mystère, comme la sainteté de l'homme est un mystère, et aucune instance terrestre n'a le droit d'attribuer cette sainteté à quelques-uns comme titre honorifique. Une « canonisation » officielle nous apparaît comme le reniement de ce mystère.

Il est vrai que le protestantisme postérieur n'a absolument pas compris cette préoccupation de la Réforme. Il était beaucoup trop préoccupé de faire lui-même la paix avec le monde en canonisant la vie terrestre dans ses aspects politiques, sociaux et culturels et en confondant le mystère de la vie nouvelle, venue de Dieu, avec l'honorabilité bourgeoise et avec l'accomplissement fidèle du devoir. L'éthique kantienne qui a donné au roi de Prusse tant de sujets fidèles et de soldats courageux a joué un rôle considérable dans cette dévaluation « protestante » de la vie spirituelle. Cet embourgeoisement de l'« éthique » chrétienne devait forcément gagner du terrain là où l'Église elle-même était prête à trahir le Mystère et à faire de Jésus Christ le maître d'une sagesse sublime, ou un héros « tragique », là où l'Église ne concevait plus son culte comme le mystère de la présence de Dieu, mais comme une réunion destinée à instruire, à édifier ou à améliorer les hommes.

Revient-on d'ailleurs sur le droit chemin quand on remplace l'honnêteté bourgeoise par le pathos révolutionnaire qui prétend changer le monde au bénéfice de l'homme, en s'appuyant sur les forces de l'homme ?

Le Mystère forme un tout ; le dissoudre en partie, c'est le perdre tout entier. Quiconque a cessé de croire au mystère de l'incarnation de la Parole éternelle et de la résurrection du Christ ne peut pas non plus connaître le mystère de la vie chrétienne ni celui de la présence et de l'action de Dieu dans notre existence terrestre.

Le deuxième mot de la formule sacramentelle (« dans, avec, sous ») affirme, nous l'avons dit, que l'irruption de Dieu ne détruit pas la forme humaine, que le feu du ciel ne consume pas la matière terrestre, mais que Dieu s'engage dans une relation mystérieuse *avec* la réalité terrestre. Certes, la loi de la vie spirituelle est un « mystère de la mutation » (Erwin Rousselle), mais cette mutation ne met pas fin à la forme de la vie terrestre. Bien entendu, notre vie dans l'espace et dans le temps, les décalages chronologiques et les exigences de l'heure présente, l'immense travail qui doit être accompli pour sauvegarder l'espace vital des hommes, pour leur assurer le travail, le logement, la nourriture, le vêtement et les loisirs, tout l'effort « culturel » qui comprend aussi bien les moyens techniques nécessaires à la sauvegarde de l'existence que les grandes réalisations techniques et artistiques, tout cela et bien d'autres choses font partie du monde qui passe. Seule l'illusion romantique peut conférer l'« éternité » à n'importe quel phénomène de ce monde éphémère. Mais la vie dans ce monde passager, et même la vie « spirituelle », n'est pas la vie des bienheureux et des parfaits ; elle est la vie des enfants de Dieu dans ce monde. Certes, les actes miraculeux du Christ constituent les signes précurseurs de sa résurrection et donc un début du monde à venir ; certes, la Cène du Seigneur accorde à son Église un avant-goût de la joie du festin céleste ; certes, le Saint-Esprit constitue l'acompte et les prémices du Royaume à venir, et la vie chrétienne est donc une mise en route permanente, une sortie du monde présent pour aller vers le Royaume qui vient. Mais toutes ces réalités sont aussi mystérieusement et dialectiquement liées à la figure de ce monde qui passe ; ce monde n'est pas un cadre gênant ou dénué d'importance ; il est la matière terrestre dans laquelle la parabole du Christ veut devenir visible. La vie spirituelle se développe de manière très différente chez l'homme et chez la femme, chez l'enfant et chez le vieillard, chez le paysan, le sculpteur et le peintre, chez le savant et chez l'homme d'État. Ce n'est pas ici le lieu de parler des tensions très réelles et des difficultés dans lesquelles cet « avec » du Mystère nous entraîne. Mais c'est précisément dans cette intégration et dans cette coexistence que s'accomplit le Mystère qui associe la réalité de Dieu et la parabole humaine d'une manière dialectique et pourtant indissoluble, inséparable et pourtant dénuée de toute confusion, comme l'affirme le dogme de Chalcédoine en parlant du Christ.

Pour cette raison, nous ne pouvons voir qu'un funeste malentendu et une caricature dans l'attitude des chrétiens qui renient leur humanité et qui refoulent ce qui est vraiment humain pour se donner une contenance proprement chrétienne ou spirituelle. Il en va de même quand un manque délibéré de sincérité, de naturel, de netteté et d'amabilité prétend se justifier en se faisant passer pour une attitude chrétienne délibérée. Pourquoi trouvons-nous si souvent tant de chaleur bienfaisante et naturelle en dehors des milieux qui se disent chrétiens ou « d'église », alors qu'au sein des milieux « pieux » il y a tant d'inhumanité, de faux-semblant et de raideur repoussants ? Tout cela ne provient-il pas aussi de l'oubli de cet « avec » ou de son rejet ?

Nous connaissons tous les paradoxes par lesquels saint Paul décrit son existence d'apôtre et l'existence chrétienne en général : « Inconnus, quoique bien connus ; mourants, et voici, nous vivons ; châtiés, quoique non mis à mort ; attristés, et nous sommes toujours joyeux ; pauvres, et nous enrichissons plusieurs ; n'ayant rien, et nous possédons tout » (2 Co 6, 9-10). Ces formules résument et récapitulent cet enlacement et cette coexistence dans lesquels vit le Mystère. La formule, souvent citée et souvent discutée : *simul justus et peccator* (qui dit simplement que le chrétien est un pécheur et qu'en même temps il se sait justifié, c'est-à-dire agréé par Dieu dans sa grâce), est l'expression la plus forte du Mystère selon lequel la présence de Dieu et de sa grâce se manifeste simultanément et en liaison *avec* toute la réalité terrestre, cette dernière étant, certes, modifiée, mais non pas transformée de telle manière qu'elle cesserait d'être ce qu'elle est sur terre et dans l'éon présent.

Dernière considération : la vie du Christ est cachée dans les croyants *sous* la forme de la vie terrestre et naturelle. Nous comprendrions très mal le mystère de la nouvelle naissance et nous le fausserions jusqu'à en faire une banale résignation si, en disant « sous », nous pensions seulement que la réalisation a toujours du retard sur le projet, que la force n'arrive pas à la hauteur de l'idéal à poursuivre et que la vie chrétienne ne se réalise donc toujours que très imparfaitement et d'une manière fragmentaire. Cela est certainement vrai, mais trop souvent cette manière de parler fait du mystère de Dieu une simple idée, un idéal hors de notre portée, et, lorsque rien ne se passe, on se rassure trop souvent en disant : « On devrait, en somme... » Quelle formule dangereuse ! Cette considération très humaine rejoint souvent dans le protestantisme, d'une manière aussi étrange que lourde de conséquences, une idée qui semble faire corps avec la foi même des Réformateurs. Parce que Dieu est tout et que l'homme n'est « rien », parce que tout mérite de l'homme est radicalement exclu, ce type de protestantisme se méfie de tout discours relatif à la sanctification de l'homme, à une réelle transformation de son être, à la dynamique de l'Esprit Saint. On se rassure en rappelant que la justification est purement *forensique*, c'est-à-dire qu'elle est l'acquittement prononcé par Dieu, et on laisse aux piétistes et aux sectes le soin d'insister sur la sanctification de la vie et sur les effets réels que la grâce produit dans la vie quotidienne. On peut même penser rejoindre une préoccupation authentique des Réformateurs en se résignant à l'idée qu'au fond il ne se passe rien dans l'homme, que celui-ci doit bien avoir un idéal pour être un homme « comme il faut », mais qu'il est en même temps condamné à ne jamais atteindre cet idéal. Une fois de plus, nous constatons ici combien le fait d'avoir troqué la foi au Mystère contre un idéalisme éthique se répercute jusque dans la conduite de la vie quotidienne. L'Esprit Saint n'est plus alors qu'une idée en l'honneur de laquelle on peut fêter la Pentecôte ; il n'est plus une force à laquelle nous pouvons vraiment nous exposer et qui veut se manifester dans notre vie. Nous nous sentons donc proches de tous les groupes, cercles et mouvements (dans l'Église et en dehors d'elle) qui s'efforcent de prendre au sérieux l'existence chrétienne jusque dans la vie de tous les jours et dans les relations et les tâches les plus ordinaires, même si nous ne sommes pas d'accord avec toutes leurs idées et toutes leurs formes de vie, ou si leurs préoccupations ne rejoignent pas jusque dans le détail notre manière de voir et de parler du Mystère.

Il fallait dire tout cela à ce point de notre exposé pour que le « sous » ne donne pas lieu à un malentendu commode ou rassurant. Le caractère caché de la vie chrétienne est tout autre chose que la pâleur d'une simple idée. Mais que signifie tout cela ?

Dans *Crainte et tremblement*, Kierkegaard décrit, en une de ces trilogies qu'il affectionne, le « petit-bourgeois », le « chevalier de la résignation » et le « chevalier de la foi », semblant ainsi faire allusion aux trois domaines que représentent la nature, la loi et la grâce. A la différence du petit-bourgeois, le chevalier de la résignation se fait toujours remarquer par ses rudes efforts dans le domaine de la morale, par la grandeur de son renoncement, par l'amertume de son mal du siècle. Si nous rencontrions un jour le vrai chevalier de la foi, dit Kierkegaard, nous serions d'abord étonnés et déçus de voir combien il ressemble au petit-bourgeois et combien peu il suit l'exemple du chevalier de la résignation. Il ne connaît pas son effort désespéré, son apparence de sainteté ; il vit d'une manière très ingénue, très naturelle. Il vit comme vivent d'autres hommes.

Je prends un contact plus intime avec lui, j'observe ses moindres mouvements pour voir si un petit fragment d'un télégramme provenant de l'Éternité va apparaître, si je vais percevoir un regard, une mimique, un geste, un sourire qui révélerait l'infini dans sa spécificité. Non ! Il est tout à fait solide. Sa démarche est assurée. Il appartient entièrement au monde. Un petit-bourgeois ne saurait lui appartenir davantage.

Seul le signe positif ou négatif est différent. En d'autres termes, l'authenticité de la vie spirituelle ne se manifeste pas dans un style de vie particulier, dans un langage chrétien, dans une attitude solennelle, bref dans un décalage par rapport aux autres. Nous en avons vraiment assez de cette spiritualité et de ce christianisme qui s'affichent avec insistance et nous aspirons à une attitude simplement humaine et naturelle.

Nous le savons pourtant ou nous le devinons : la grâce de Dieu ne rend pas maniéré, guindé, importun, bref, plus ou moins bizarre et ridicule ; elle libère et conduit l'homme à une nouvelle simplicité et à une attitude vraiment humaine. Cette liberté lui permet de vivre de manière naturelle, de vaquer à ses besognes quotidiennes avec sérieux et fidélité, de coopérer en homme responsable aux tâches de la vie commune... et avant tout d'être à tous égards un homme guidé par l'Esprit de Dieu sous l'effet de la grâce rédemptrice et guérissante de Dieu.

Mais cette « forme de la grâce » est véritablement cachée sous l'enveloppe de notre existence terrestre. Là, tout est encore commencement, départ, début ; tout est incomplet comme une sculpture à moitié achevée et dont la forme ne s'est pas encore nettement dégagée du bloc de granit grossier. De même que la vérité divine elle-même est cachée sous l'imperfection d'un balbutiement humain, de même la vie du Christ est cachée dans ses fidèles sous l'enveloppe de la perversité et du péché humains, inextricablement mêlée à la méchanceté et au mensonge, défigurée par la faiblesse de la chair et par la paresse des cœurs. Même les « saints de Dieu » sont des pécheurs lamentables. Il existe, certes, une beauté de la vie spirituelle authentique et lorsque cette beauté devient visible, elle est la plus ravissante de toutes les beautés que nous connaissons. Mais cette beauté est encore cachée sous beaucoup de misère, sous la maladie physique et psychique, sous beaucoup de laideur, exactement comme les ailes de l'ange sont cachées sous l'horrible bosse de ce pauvre enfant dont parle un conte de fées. Rares sont les heures où la beauté cachée devient visible, mais alors nous sommes remués et consolés en contemplant la réalité de Dieu dans la vie misérable d'un homme médiocre. Une souffrance acceptée avec une grande patience, une mort paisible, un service discret rendu par amour, un regard clair et franc permettent à cette réalité cachée d'apparaître comme un rayon de soleil passe à travers les nuages ; chaque fois, nous pressentons l'achèvement futur.

« Ce que nous serons n'a pas encore été manifesté. » Voilà le mystère de la présence de Dieu dans ce monde. Il ne vaudrait pas la peine de célébrer ce mystère, comme nous le faisons dans cet écrit, si ce qui est maintenant caché ne devait pas se manifester un jour. Ce jour-là, disparaîtront les enveloppes ternes, douloureuses ou laides sous lesquelles l'image du Christ est maintenant cachée dans les siens. On ne saurait mieux décrire ce mystère encore caché que par ces paroles de l'apôtre : « Votre vie est cachée avec le Christ en Dieu. Quand le Christ, votre vie, paraîtra, alors vous paraîtrez avec lui dans la gloire » (Col 3, 3.4).

LE CONFLIT AU CŒUR DE LA VIE SPIRITUELLE

Le mystère antidivin s'oppose au mystère de Dieu, le mystère de l'Adversaire au mystère du Christ. Ce conflit caractérise aussi la vie spirituelle du chrétien.

L'homme est sans cesse le champ de bataille de puissances spirituelles qui se combattent en lui et à son sujet. Chaque homme a Dieu ou le diable comme cavalier, dit Luther. L'Esprit de Dieu veut s'emparer de l'homme et pénétrer sa pensée et sa volonté, ce qu'il voit et ce qu'il entend, ses démarches, ses paroles et ses actes ; mais il peut aussi arriver que l'esprit mauvais prenne possession d'un homme, qu'il dérange sa raison, qu'il trouble sa conscience, qu'il empoisonne ses sentiments et qu'il pousse sa volonté à faire ce qui est pervers et mauvais. Qu'il le sache ou non, l'homme se trouve alors sous l'empire et au service de l'Adversaire qui veut entraver le plan que Dieu a établi pour le monde et pour le salut de l'homme. Nous connaissons tous le trouble qui nous saisit quand nous rencontrons des hommes semblables à ceux que les évangiles appellent des « possédés » : des hommes dominés et possédés par une puissance inquiétante, étrangère à leurs bonnes dispositions naturelles. Lorsqu'ils se trouvent dans cet état, ces hommes sont incapables de réfléchir calmement et d'argumenter de manière raisonnable ; ils n'ont ni patience ni sang-froid. Au contraire, leur frénésie et leur fureur leur font commettre des actes qu'ils n'ont pas voulus et provoquer des effets qu'ils n'ont pas désirés. Dans leurs accès de folie furieuse, ils détruisent tout ce qui se trouve sur leur chemin. Tous les psychiatres savent que la folie multiplie les forces de l'homme et le rend capable de performances qui épuiseraient un homme bien-portant. Mais le mystère de l'Adversaire rend l'homme incapable de laisser croître patiemment les germes d'une vie fructueuse (les mauvaises herbes seules poussent vite !), et il le rend incapable d'aimer. L'« amour » du possédé est entaché d'une haine infernale, comme un drap peut être taché de sang, et quand le possédé prétend aimer, il n'arrive à produire qu'une caricature sentimentale de l'amour véritable. C'est pourquoi la haine qui est incapable de réconcilier et de guérir, mais qui sait seulement combattre, soumettre et dominer, est un signe de la présence de l'Adversaire ; elle est le signe de l'absence du Mystère de Dieu en un tel homme. Il n'existe aucun mystère qui n'a pas sa contrepartie diabolique et qui n'est pas obligé de lutter avec elle.

Cet état de fait nous impose une grande vigilance. Pourtant un danger plus immédiat nous guette encore. En effet, le mystère de Dieu peut aussi produire dans l'homme qui le connaît des effets opposés. Le mystère de Dieu n'est pas une force « magique » qui agirait, comme n'importe quel phénomène naturel, en se conformant nécessairement à certaines lois. La force de Dieu veut agir dans l'être personnel de l'homme, et l'être personnel bénéficie du don dangereux de la liberté, de sorte que l'homme peut s'ouvrir et s'abandonner à la puissance agissante de Dieu ou se fermer à elle et lui résister. La Bible parle d'« endurcissement » quand la voix de la vérité est étouffée, quand le chemin du Christ est abandonné et que la vie divine qui veut se manifester en nous est asphyxiée, parce que l'homme se fige délibérément dans son refus et dans son opposition. Il nous faut évoquer ici l'inquiétante parole relative au « péché contre le Saint-Esprit », qui ne peut être pardonné (Mc 3, 28 et par.). Nous connaissons tous des hommes désespérément endurcis, qui s'opposent furieusement à l'ordre normal et salutaire de la vie et qui en souffrent eux-mêmes et qui font ainsi souffrir les autres. Chez beaucoup de ces hommes une cure d'âme poussée peut mettre en lumière le point crucial à propos duquel ils ont désobéi non pas à une règle morale quelconque, mais à l'appel de la vie qu'ils avaient perçu dans leur cœur. Nous osons dire que certains hommes, devenus manifestement incapables de respect, d'humilité et d'amour, mais saisis d'une haine démoniaque contre tout ce qui est vénérable et sacré, contre toute forme de méditation ou de prière, ne sont rien d'autre que la proie du mystère de l'iniquité. Qui, dans ces conditions, disposerait de la force et de l'autorité nécessaires pour pratiquer l'exorcisme capable de briser les chaînes de la puissance du mal et de libérer l'homme qu'elle retient prisonnier ? Luther prétendait sérieusement que ce *mysterium iniquitatis*, le mystère de la décomposition et du sacrilège, se manifestait dans la « propre justice » qui se justifie et s'excuse elle-même et qui se fait l'avocat de sa propre perversité au nom de la liberté chrétienne.

Voilà pourquoi il nous est impossible de parler du mystère de la vie spirituelle, du mystère de Dieu dans l'homme, sans nous souvenir de la responsabilité que nous avons tous à ce sujet. Les conséquences que cette constatation entraîne pour le baptême des enfants, pour l'enseignement religieux dans les écoles publiques, pour la confirmation et pour les présupposés nécessaires à une cure d'âme authentique peuvent nous faire frémir, car il existe de toute évidence une forme de vie « religieuse » marquée d'un signe négatif, où tout est empoisonné et perverti en son contraire démoniaque. Le Mystère n'est pas un remède magique ; il faut sincèrement abandonner à Dieu son cœur et sa volonté et il faut demander avec ferveur la purification de notre être entier pour être préservés du danger et pour que la flamme du feu sacré, loin de nous consumer, nous purifie et nous transforme.

3

Le Mystère dans l'Église

Le concept d'*oikonomia tou mystèriou*, qui nous a accompagnés tout au long de cet exposé, sous-entend dès l'abord que le mystère de Dieu ne veut pas seulement s'exprimer et se manifester dans la vie de chaque individu, mais qu'il veut aussi prendre forme dans un groupe d'hommes plutôt ouvert que fermé. Il est vrai que nous sommes immédiatement dans l'embarras lorsque nous cherchons un nom adéquat pour désigner ce groupe en tant que lieu du Mystère. Le Nouveau Testament propose l'expression grecque *ekklèsia* qui désigne étymologiquement un groupe d'hommes « appelés hors de » leur environnement, sans que cette signification soit encore perceptible dans le langage du Nouveau Testament. Luther aimait traduire ce mot par *Gemeine* (Communauté) qui correspond au latin *communio*. Comme le mot allemand *Kirche*, le mot français « église » prête à malentendu. L'église, c'est un bâtiment en bois ou en pierres ; c'est, plus encore, de nos jours, une organisation, une institution avec son histoire. Il y a un hiatus entre cette église-institution et l'*ekklèsia* au sens spirituel. Certains pensent qu'on ne peut être chrétien qu'en dehors de l'« église », et bien des gens (dont nous sommes à certaines heures) se demandent sérieusement s'il ne faut pas quitter l'« église » pour garder la foi (mais où aller dans ce cas ?). Peter Brunner a proposé de remplacer le mot « église » par *ekklèsia* pour éviter ce malentendu... De toute façon on court un certain risque quand on parle du « Mystère dans l'Église » ou même de l'Église en tant que forme que prend le Mystère.

La solution la plus honnête et la plus réaliste consiste à dire que le Mystère veut habiter « dans, avec et sous » l'organisation terrestre, historique et ambiguë que nous appelons « Église ». Cette façon de parler nous donne un critère rigoureux permettant de dire dans quel sens et dans quelle mesure l'église-institution est vraiment l'« Église », dans quelle mesure le mystère de Dieu, la proximité et la présence du Mystère inaccessible sont perceptibles et agissantes en elle. Elle nous permet de constater que les détracteurs les plus virulents de l'Église ont du Mystère une connaissance encore plus réduite que l'Église qu'ils attaquent avec véhémence. Elle nous permet de dire en tous cas qu'aimer vraiment l'Église (quand elle se comprend bien elle-même), c'est aimer ce Mystère, et d'affirmer que beaucoup d'allergies et de critiques à l'égard de l'Église ont leur origine soit dans la déception de voir que l'Église a perdu et trahi le Mystère qui lui était confié, soit dans une haine secrète à l'égard du Mystère lui-même.

Il nous faut faire maintenant quelques remarques préliminaires, surtout pour faire comprendre l'importance que nous attachons au fait de ne pas parler de « sacrement » mais de « Mystère ». L'Église catholique romaine a pris l'habitude de désigner l'Église elle-même comme le « sacrement originel » (à côté du Christ qui est le véritable sacrement originel). Luther a expliqué la gêne que lui causait le mot d'« Église » par le fait que ce mot évoque trop un bâtiment situé en un endroit précis du globe. A notre connaissance, il n'a pas expliqué cette gêne par une critique du concept de « sacrement » (dont il n'a sans doute pas reconnu le caractère discutable). Pourtant, il a exactement en vue cette différence entre ce qui est statique et ce qui est dynamique, entre l'objet et l'événement. C'est cette différence qui nous fait préférer le concept de « mystère » au concept de « sacrement ». Le mot de sacrement peut être le titre cérémonieux donné à une véritable grandeur statique. Le Mystère, lui, n'est jamais un objet susceptible d'être trouvé en tant que tel dans le monde sous une forme saisissable et durable ; le Mystère est un événement qui devient perceptible à propos de telle forme, qui devient concret *en* elle, qui est uni *avec* elle, caché *sous* elle. C'est dans cette perspective que nous n'avons pas intitulé ce chapitre « L'Eglise en tant que mystère », mais « Le Mystère dans l'Église ». Nous récusons ainsi toute conception qui prétendrait identifier l'Église, son devenir historique, sa constitution juridique et son cadre institutionnel avec le Mystère. Le Mystère est un événement qui advient toujours à nouveau et qui ne saurait être garanti par aucune décision juridique.

Deuxième remarque : La parole du Seigneur (Mc 2,27), selon laquelle le sabbat est fait pour l'homme et non l'homme pour le sabbat, s'applique pleinement à l'Église dans sa forme terrestre. L'Église n'a pas sa fin en elle-même, elle existe pour les hommes, on pourrait même dire pour le monde. Cette référence à l'homme est déjà incluse dans le concept d'*oikonomia* (utilisé surtout en parlant des sacrements). La traduction de ce mot par « administration » rappelle trop le fonctionnariat étatique avec lequel la pratique ecclésiale s'est trop aisément laissée mettre en parallèle. Quant au mot latin *administratio*, son préfixe *ad* exprime au moins le mouvement en direction des hommes que les mystères veulent atteindre. Le mot *stewardship*, qui nous vient des États-Unis, pourrait rappeler à certains le sens du mot *oikonomia*. Le terme correspondant en allemand, celui de *Haushalterschaft*, qui exprime la responsabilité du gérant, a, lui, une consonance biblique.

Nous rappellerons enfin que, sauf malentendu grossier, l'Église elle-même s'est toujours conçue et se conçoit encore comme une manifestation du Mystère apparu en Christ. Il existe, au moins en théologie, un lien souterrain profond entre la foi en Christ et l'amour de l'Église (dans le sens d'*ekklèsia*) qui sont, tous deux, des vases communicants, alimentés par le même fleuve caché. Une Église qui a renoncé à participer au Mystère et à le transmettre est incapable d'annoncer le mystère du Christ en toute vérité ; elle peut, à la rigueur, parler correctement du Christ en tant que Fils de Dieu et Fils de l'homme, mais elle n'ouvre plus la porte secrète qui donne accès à la sagesse divine. Cette Église a beau se référer avec assurance à des textes bibliques, si elle a perdu le Mystère – le mot qui le désigne et sa réalité –, elle ne transmet plus les mystères de Dieu.

Nous utiliserons trois images bibliques pour préciser davantage ces idées.

Parmi les sept paroles de l'évangile de Jean qui commencent par « Je suis », celle du cep (Jn 15, 1-8) décrit le mieux l'essence de l'*ekklèsia*, et ce n'est pas par hasard que la plus ancienne prière eucharistique, celle de la « Doctrine des douze apôtres » (*Didachè*, IIe siècle), remercie Dieu pour le « saint cep de la vigne de David, ton serviteur, que tu as manifesté par ton serviteur Jésus ». Le cep, choisi par le Seigneur pour illustrer sa relation avec le groupe des disciples, est planté dans la terre du monde ; il ne saurait vivre et prospérer sans y être profondément enraciné ; mais sa vie se manifeste sous des formes toujours nouvelles dans les sarments qui poussent sur le tronc. Comme nous le constatons pour le corps humain, l'ensemble a priorité sur les parties, le cep sur les sarments, et le cep ne saurait en aucune manière être compris comme une « association de sarments ». De même, l'Église n'est pas une libre association d'individus pieux ou simplement intéressés par la religion. Certes, toute parabole est « boiteuse » et la réalité en dépasse le cadre. La parabole du cep a, elle aussi, des limites bien visibles. En effet, les sarments de ce cep sont des hommes vivants et leur lien avec le tronc dont ils sont issus n'est pas un processus naturel ; ce lien ne peut être maintenu que sous une responsabilité et par une décision personnelles. Il serait absurde d'exhorter des sarments à rester attachés au cep, mais cette exhortation est nécessaire pour des hommes qui risquent toujours de se couper de leurs racines et de se dégager des liens vivants qui les font vivre, pour « être quelque chose » sans eux. Ces liens conscients et consciemment entretenus font partie du mystère de l'Église et ce rappel peut aider les chrétiens à ne pas s'imaginer pouvoir participer au mystère du salut sans une décision personnelle, mais simplement en raison de leur appartenance à l'Église.

Une deuxième image biblique peut être rappelée ici. Il s'agit du récit de la multiplication des pains (Jn 6, 1-15). Nous avons montré ailleurs que le fait de manger et de boire est un symbole très ancien pour l'accueil réel et pour l'acceptation de la vie spirituelle. A la différence de toute « compréhension » simplement intellectuelle, cette parabole en action veut indiquer la manière dont le mystère de Dieu peut être accueilli et intégré. Parlant ici d'*oikonomia*, nous relevons surtout le fait que le Seigneur ne distribue pas lui-même la nourriture aux hommes assemblés en sa présence, mais qu'il la donne à ses disciples pour qu'ils la leur transmettent. La structure de cette *oikonomia* exige, en effet, qu'elle se serve de médiations humaines, et la thèse selon laquelle il n'y a qu'un médiateur entre Dieu et les hommes, Jésus-Christ, ne doit pas nous faire oublier les médiations institutionnelles dont Dieu s'est toujours servi. On pense avec raison que la *distributio* n'est pas seulement la distribution du pain et du vin dans la célébration de la Cène ; elle est aussi la distribution de la Parole et elle est tout acte de transmission qui fait parvenir aux hommes ce dont ils ont physiquement et spirituellement besoin.

La troisième image est, elle, décisive ; c'est la désignation de l'*ekklèsia* comme « corps du Christ ». On peut se demander si cette manière de parler est une « image » au même titre que la parabole du cep et des sarments. Dans ses livres sur le Mystère, Odo Casel a toujours souligné qu'il ne s'agissait pas d'une manière de parler imagée, mais d'une *réalité*. Mais, sans aucun doute, l'apôtre Paul a développé et interprété cette expression comme une vraie parabole et il en a tiré des conséquences très précises pour la vie de l'Église, surtout en ce qui concerne la multiplicité et la diversité des membres et de leurs fonctions, et l'unité du courant de vie (de l'« Esprit ») qui les rassemble dans l'unité et dans le service réciproque. Paul a valorisé cette image, qu'on trouve aussi dans la philosophie grecque de son époque pour décrire la structure interne de l'Église, et il a précisé ainsi la notion d'*oikonomia*, car le dessein de Dieu se réalise précisément dans le service réciproque rendu dans la diversité. En même temps, l'image du corps dont le Christ est la « tête » ne permet pas d'identifier purement et simplement l'Église avec le Christ ou d'y voir le Christ prolongeant sa vie. L'image du corps et de la tête préserve le face à face et la distance, sans lesquels le Mystère ne serait pas la proximité de l'inaccessible.

Nous montrerons plus loin ce que le discours sur l'Église-corps du Christ signifie pour la compréhension de la Cène.

Le Mystère dans le service divin

Jusqu'à une époque toute récente, on considérait tout naturellement le service divin (la célébration liturgique) comme la forme centrale et capitale de la vie de l'Église, comme le foyer où sa vie se renouvelle à partir de son essence même. La participation au service divin attestait et réalisait l'appartenance à l'Église. Pendant des siècles, il n'y a pas eu d'autre forme d'enseignement chrétien que la participation consciente et attentive à la vie liturgique de l'Église. Même le *Petit catéchisme* de Luther n'est au fond qu'une série de directives pour apprendre à prier et à vivre avec l'Église ; ses six chapitres ne sont pas des chapitres de doctrine, mais des chapitres de vie liturgique. A l'inverse, on considérait comme exclus de l'Église ceux à qui on refusait le droit de participer au service divin. L'Église catholique romaine impose à ses membres l'obligation d'assister à la messe, et ceux-là seuls qui accomplissent ce commandement sont considérés comme des catholiques pratiquants. Tout cela traduit la conviction que le service divin est la forme capitale de l'existence ecclésiale. L'appartenance à l'Église se manifeste par la participation au service divin. L'importance de ce dernier apparaît aussi dans le fait que le mot *ekklèsia* désigne en premier lieu la communauté réunie en vue du service divin.

Mais ce qui, autrefois, semblait aller de soi ne va plus du tout de soi maintenant. Dans l'Église protestante au moins, la participation au service divin n'est plus ressentie comme une obligation découlant de l'appartenance à l'Église et le service divin lui-même n'est plus reconnu comme étant le centre de la vie ecclésiale. La transformation du « culte » traditionnel en rencontre de discussion ou d'engagement et le fait de reporter l'attention sur le service du monde sont les symptômes d'une décadence progressive du service divin. Cette décadence elle-même est le signe d'une confusion croissante au sujet de ce qui se passe ou devrait se passer au cours du service divin. La tendance à appliquer au culte les principes de la « pédagogie populaire » et à le concevoir comme un moyen d'enseignement religieux et d'éducation morale a prévalu peu à peu au cours des siècles, alors qu'en même temps le *besoin* de recourir à un tel enseignement religieux ou éthique s'est amenuisé. Le fait que la prédication est devenue le contenu essentiel, sinon unique, du service divin ne pouvait pas non plus favoriser l'envie d'aller régulièrement à l'église ; comme on ne sait jamais à l'avance ce qu'une prédication peut vous apporter, il n'est pas facile d'engager quelqu'un à risquer cette aventure.

Lors de la dédicace de la chapelle du château de Torgau, Luther a résumé le sens évangélique du service divin dans cette phrase célèbre : « Dieu nous parle à travers sa sainte Parole, et nous lui parlons par nos prières et nos chants de louange. » Dans l'énumération de ces deux éléments, l'écoute de la « Parole de Dieu » occupe la première place et cela est juste dans la mesure où tout service divin est une réponse à l'appel que Dieu nous adresse. Il en résulte que l'interprétation de l'Écriture sainte et son explication en tant que parole à nous adressée représentent le contenu essentiel au moins du sermon. Il est certain qu'il se passe quelque chose en nous au cours du culte et que celui qui y participe est persuadé que l'appel lui est personnellement adressé. Pourtant on devrait se garder de dire cela en se servant du jeu de mots selon lequel Dieu nous rendrait un service au cours du service divin. Cette interprétation renverse le sens de l'expression « service divin », qui désigne sans nul doute un service que nous rendons à Dieu. Ce service (ou « culte ») ne doit certes pas être compris dans le sens d'un culte païen, récusé par le discours sur l'Aréopage (Ac 17,25). Mais il peut être compris comme un hommage, comme une marque de vénération et d'amour que nous devons à Dieu et qu'il nous demande de lui rendre. Il s'agit de « rendre gloire à Dieu » (Lc 17,18). Jésus reproche aux neuf lépreux guéris de ne pas revenir pour accomplir ce geste de reconnaissance. Rendre à

Dieu la gloire qui lui est due, c'est le reconnaître comme notre créateur et notre rédempteur, c'est reconnaître son commandement et son juste jugement, et c'est accepter le don de la grâce qu'il nous promet. Dieu veut que nous lui rendions cet hommage et, en dépit de notre indifférence et de notre tendance à rechercher notre propre gloire, nous faisons notre devoir et nous occupons la place qui est la nôtre en accomplissant cet acte d'adoration. Un cantique allemand dit : « Louer Dieu, voilà notre ministère », voilà vraiment le ministère auquel nous sommes appelés et dans lequel nous sommes engagés. Le culte de l'Église est, dans ce monde, le lieu d'expérience de ce ministère, l'Église se mettant à la place du monde pour rendre à Dieu la gloire que le monde lui doit. Mais si tel est le contenu essentiel du service divin, nous n'avons plus besoin de nous demander quelle performance humaine nous pouvons attendre du sermon et encore moins quel profit nous allons tirer nous-mêmes de la participation au service divin.

La « louange de Dieu » ne peut se réduire à une attitude intérieure ; comme le Mystère lui-même, elle doit s'incarner et devenir un acte corporel. C'est dire que le service divin implique la présence physique, l'écoute, la parole, le chant, des gestes, et qu'il ne peut pas se dérouler sans sacrifice. En s'élevant contre la conception de la messe comme sacrifice offert à dieu, la Réforme a pratiquement banni le mot de « sacrifice » de son vocabulaire et surtout de sa manière de concevoir le culte. Mais cela est contraire à l'usage que le Nouveau Testament fait de ce mot qu'il ne rejette nullement, puisqu'il l'emploie dans un triple sens : pour désigner la louange de Dieu en tant que sacrifice (He 13,5 ; cf. Ps 50,14), pour désigner les dons de l'amour (He 13,16 ; cf. Mt 5,23) et pour désigner le don du corps et de la vie au service de l'amour (Rm 12,1 s. ; Ph 2,17). Tous ces emplois du mot de « sacrifice » ont pour arrière-plan le sacrifice du Christ s'offrant lui-même (cf. en particulier de nombreux passages de l'épître aux Hébreux) ; ils présentent donc le sacrifice comme une attitude chrétienne fondamentale, dans laquelle se réalisent l'incorporation au Mystère du Christ et la *configuratio cum Christo*. Quand on s'interdit de parler de sacrifice dans le culte chrétien et quand on écarte donc pratiquement l'attitude du sacrifice, on risque de devenir incapable d'accueillir les bienfaits de Dieu, parce que celui qui n'est pas prêt à donner et à offrir un sacrifice ne reçoit rien non plus. Nous reparlerons du sacrifice quand nous nous demanderons dans quel sens la messe peut être comprise comme un sacrifice.

L'*Apologie de la Confession d'Augsbourg* parle du « sacrifice » ; dans son article XXIV,16 s. Melanchthon y affirme avec insistance qu'en aucun cas l'action liturgique ne doit être isolée du sacrifice offert dans la vie quotidienne et que le « sacrifice » cultuel ne peut pas être compris comme le vrai « sacrifice quotidien » quand on le détache du fruit de la prédication, à savoir la sanctification de la vie.

Arrêtons-nous encore quelque peu au service divin en tant qu'il est le mystère décisif et essentiel de l'Église. Tout ce que nous avons dit dans les chapitres précédents sur l'essence et sur les signes caractéristiques du Mystère doit être appliqué pleinement à l'action liturgique de l'Église. C'est, en effet, dans cette action-là que se produisent une véritable rencontre entre Dieu et l'homme, une communication et une distribution de la vérité salutaire, ce qui constitue un événement qui se refuse à toute communication rationnelle et à tout utilitarisme. Dans le culte il se passe quelque chose qui est, certes, lié aux événements extérieurs, à la parole, au chant, à l'action dans l'espace et dans le temps, mais sans pour autant que l'Église puisse disposer de cet événement ou en garantir la réalité par son agir liturgique. C'est pourquoi la prière pour la venue de l'Esprit Saint ne se borne pas à l'épiclèse contenue dans la liturgie eucharistique ; elle est, dans tout service divin, un témoignage indispensable du fait que l'Église comprend son agir comme un mystère dont elle ne dispose pas, un agir qui n'est en somme pas *son* agir à elle, mais l'agir de Dieu en elle. C'est pourquoi le service divin n'est jamais qu'une image de l'événement réel, en même temps qu'il est aussi le voile qui cache l'essentiel. Il arrive d'ailleurs qu'une liturgie particulièrement riche, artistique et fastueusement célébrée dans un sanctuaire magnifique soit un voile particulièrement épais sous lequel on a de la peine à reconnaître le mystère de Dieu, alors que ce mystère arrive à transparaître aisément à travers une célébration très pauvre et imparfaite.

La Réforme nous a habitués à voir dans la « Parole » et dans le « Sacrement » les deux éléments fondamentaux de tout culte, et cela non à cause d'un choix arbitraire, mais parce que Dieu les a confiés à l'Église comme don et comme mission. Jusqu'à présent la théologie protestante n'a pourtant pas réussi à définir correctement la relation qui existe entre « Parole » et « Sacrement » ; on a souvent tenté d'aligner une de ces réalités sur l'autre, de comprendre la Parole à partir du Sacrement ou, plus souvent encore, le Sacrement à partir de la Parole. Cette difficulté provient essentiellement du fait que l'expression « Parole et Sacrement » ne se trouve pas dans l'Écriture sainte, mais qu'elle provient d'une tradition qu'il est loisible de remettre en question. Il est très instructif de retraduire les deux mots en grec ; *ho logos kai ta mystèria* est une combinaison impossible et dépourvue de sens, parce que le *logos* est une manifestation du Mystère et que le *mystèrion* est le véritable contenu du *logos*. Les deux éléments ne peuvent donc pas être juxtaposés ni reliés par un « et » qui les place au même rang. La manière irréfléchie dont nous parlons habituellement de « Parole et Sacrement » est un signe de notre ignorance ; elle montre que nous n'avons pas appris à examiner les usages de l'Église à la lumière de l'Écriture sainte et à les corriger en conséquence. Tous les efforts entrepris pour définir la relation entre Parole et Sacrement restent stériles tant que l'on refuse de prendre au sérieux le concept biblique de Mystère. Parole et Sacrement participent tous deux au caractère mystique de toute action ecclésiale. Tous deux sont des re-présentations du Mystère qui est la source de la vie de l'Église.

Le Mystère dans la Parole

La loi originelle du Mystère, c'est que le Dieu caché entre dans une forme terrestre, qu'il nous rencontre, nous les hommes, et qu'il nous fait participer à sa vie « dans, avec et sous » des signes terrestres. Parmi les réalités terrestres concrètes, auxquelles il a plu à Dieu de s'unir, il faut citer d'abord le langage ou, comme les Réformateurs préféraient dire, la Parole. Certes, la Parole dans sa pleine réalité n'est pas un discours sur tel ou tel sujet ; elle est un événement, porteur d'une charge mystérieuse, dans lequel il se passe quelque chose. C'est pourquoi le mystère de Dieu n'est pas seulement le contenu de la Parole ; la Parole elle-même, dans son usage liturgique, peut devenir une forme du Mystère. Tout au long de sa vie, Luther a insisté sur la « Parole » ; il a compris cette Parole comme une réalité remplie et chargée d'autorité divine, comme un mystère.

Nous sommes tellement habitués à la manière dont l'humanisme a réduit le langage au simple rôle de moyen de communication, que nous avons de la peine à comprendre COMMENT les

Réformateurs ont pu dire au sujet de la simple parole des choses aussi grandioses. Cette difficulté provient du fait que nous – et en tout cas presque tous les intellectuels parmi nous – connaissons la langue beaucoup plus sous sa forme littéraire, écrite et imprimée, que comme langue vivante, orale, immédiate, comme parole qui retentit et qui exprime la vie personnelle avec une force originelle. Sur ce point aussi, nous sommes conditionnés par l'intérêt littéraire humaniste beaucoup plus que par la haute estime des Réformateurs pour la parole dite. La Parole en tant que mystère est, quant à elle, avant tout une parole vivante, transmise oralement.

La philologie a, depuis longtemps, dépassé l'opinion selon laquelle la langue serait un système conventionnel de signes liés par habitude à des contenus, à des représentations, à des concepts ou à des sentiments déterminés. A défaut de la théologie, elle nous rappelle que, dans tout discours authentique, il se passe toujours autre chose qu'une simple information relative à des objets qui ne sont pas eux-mêmes présents. Il faut tenter de comprendre la langue à partir de la poésie. Toute poésie authentique « condense » l'expression verbale pour en faire une évocation de l'objet. Des êtres humains, leur destin, leurs angoisses et leurs joies, la vie secrète de la nature, les mystères de la nuit, des fleurs et des arbres sont comme captés par une sorte de magie et enfermés dans le corps du langage. La parole poétique de l'homme visionnaire confère vie et présence à tout ce qui est éloigné et étranger, et on y trouve, jusque dans notre monde rationnel, quelque chose de la force magique de l'incantation qui permet de ressentir dans les frissons du corps et de l'âme la présence de ce qui est éloigné et étranger. Le langage des enfants et des amoureux est plus proche de la parole poétique que ne l'est le langage de la science ou celui de l'information objective. Dans sa profondeur magique, la parole poétique est le médium de la re-présentation. Nous retrouvons en tâtonnant la conviction qui a trouvé son expression dans la croyance à la signification (même scripturaire) des noms ; connaître le nom, c'est avoir en main la clef de l'être ; épeler le nom, c'est rencontrer celui qu'il désigne.

A partir du moment où le langage n'était plus considéré que comme un moyen de compréhension ou de communication, l'estime pour la parole devait fatalement dégénérer en une furieuse envie de parler. Le bavardage spirituel qui est prêt à divulguer partout le Mystère, comme si cela pouvait rendre service à quelqu'un, offre un exemple affligeant de la manière dont notre Église a perdu la notion même du Mystère contenu dans la parole.

Les Réformateurs avaient la conviction profonde qu'il avait plu à l'Esprit de verser la plénitude de sa connaissance dans le vase du langage. Mais cette image du vase et de son contenu est aussi peu adéquate que celle de Luther qui fait de la langue le fourreau de l'épée de l'Esprit. En effet, on ne peut pas sortir cette épée du fourreau et l'utiliser en quelque sorte à l'état « nu ». Un lien mystérieux veut que le mystère de Dieu soit serti dans une parole humaine.

En général, les Réformateurs n'ont pas appelé « mystère » ce lien mystérieux parce que ce terme néotestamentaire n'était pas utilisé par le langage dogmatique du Moyen Age et qu'il était donc caché à la vue des Réformateurs, pour lesquels il aurait été précieux en les empêchant d'instaurer une fausse antithèse entre la Parole et le Sacrement. En fait, quand ils parlaient de Parole, les Réformateurs visaient exactement ce que désigne le mot « mystère » : dans la Parole, nous rencontrons le Dieu vivant et nous pouvons participer au salut qui est contenu dans ce mystère.

Cette manière de parler du Mystère doit être préservée de deux malentendus. Le Mystère, ce n'est pas simplement le « mystérieux » qui n'est mystérieux que parce qu'il est difficile à comprendre ou même incompréhensible. C'est la raison pour laquelle saint Paul n'a pas considéré comme un vrai témoignage du Mystère la glossolalie dont le sens ne peut pas être saisi sans interprétation. C'est également la raison pour laquelle un discours qui se grise d'expressions savantes, de phrases compliquées, de paradoxes forcés, n'est absolument pas ce que nous entendons par « mystère ». Il n'est ni difficile ni méritoire de parler d'un sujet de façon telle qu'un homme normalement constitué ne comprend rien, mais reste médusé par cette profondeur d'esprit simulée ou réelle. Le Mystère n'est pas « mystérieux » ; il se recommande plus par la simplicité que par des obscurités recherchées.

C'est, d'autre part, une grande erreur, pour ne pas dire une grosse sottise, de penser que l'Église doit, à chaque époque, adapter son message le plus possible au langage courant, scolaire ou journalistique, qu'elle doit bannir de la Bible les formes linguistiques qui ont disparu du langage quotidien et qu'elle doit ainsi poursuivre à tout prix l'idéal d'une intelligibilité facile et commode. Cela est faux, tout d'abord parce que la plupart des gens continuent à très bien comprendre un langage qu'ils ont cessé d'utiliser sous cette forme, tandis que le langage quotidien et ses banalités finissent tôt ou tard par les ennuyer. Connaissez-vous quelqu'un qui serait prêt à écouter un sermon débité sur un ton aussi vulgaire que possible et dans un langage chimiquement purifié de tous les arrière-plans secrets ou complexes, un sermon d'où aurait été soigneusement éliminée toute profondeur, afin que Pierre et Paul n'y trouvent ni idée ni mot qui les dépassent ? Le retour à la conception biblique du Mystère pourrait préserver l'Église de ce genre de bévues qui font que l'« Église de la Parole » n'a plus rien à dire qui vaille la peine d'être dit.

Cet arrière-plan seul nous permet de comprendre ce que l'Écriture sainte représente pour la chrétienté. S'il a plu à Dieu de paraître parmi nous en un lieu et à une heure donnés, cette manifestation unique inclut également la Parole précise qui a été prononcée alors, le livre où le message originel, relatif au mystère de Dieu paru parmi nous, a trouvé son expression première et décisive. L'incarnation de Dieu comprend aussi le mystère selon lequel l'appel de Dieu, la révélation de son dessin salutaire, l'offre de sa grâce nous sont donnés dans le vase d'une Parole marquée par l'histoire. Quand, dans sa polémique théologique aussi bien que face aux attaques du diable, Luther insiste sur « ce qui est écrit » *(scriptum est)*, il abandonne l'univers froid des possibilités infinies, des masques déroutants que revêt une divinité inconnue et indéfinie, pour se réfugier auprès du Dieu qui a tourné son visage vers nous et qui nous a révélé son nom. Il fuit l'abîme des mystères pour s'abriter dans l'unique Mystère que l'on peut chercher et trouver dans cette Parole concrète.

La Parole de l'Écriture sainte est une forme concrète de la révélation de Dieu. Cette affirmation doit être vigoureusement maintenue. Cela aurait-il un sens (à supposer que nous puissions le faire !) de retirer l'épée du fourreau où elle se trouve et d'extraire du langage imagé de l'Écriture sainte une doctrine biblique abstraite, comme on extrait le jus d'un fruit vivant pour le conserver à part ? Cette entreprise ne serait-elle pas aussi absurde que toute tentative de transformer la personne vivante de Jésus en une idée morte et exsangue ? Si, déjà, nous osons croire au Mystère, n'ayons pas peur des conséquences de cet acte de foi ! La vérité et la vie sont entrées dans un langage unique en son genre, qui veut être reçu et accueilli humblement dans la reconnaissance, et qui refuse d'être transformé arbitrairement ou interprété d'une manière rationnelle. Tel verset, telle parole du Seigneur, tel psaume, la prière sacerdotale du Christ, l'hymne à l'amour (1 Co 13), le grand hymne doxologique qui ouvre l'épître aux Éphésiens, la description de la Jérusalem céleste et éternelle qui clôt le livre de l'Apocalypse, ainsi que d'autres passages de l'Écriture sainte sont d'authentiques mystères exprimés dans des formules bien frappées.

La doctrine, tant contestée et parfois même rejetée, de l'inspiration des saintes Écritures nous apparaît ici dans un éclairage nouveau. Elle n'est, à l'origine, rien d'autre que la foi dans le Mystère de la révélation de Dieu qui s'unit de manière particulière à des formes concrètes de la parole humaine.

Le mot « dans » de la formule tripartite peut donc s'appliquer très sérieusement à l'Écriture sainte, comme peut s'y appliquer l'autre aspect de cette union, exprimé par le mot « avec ». La Parole de l'Écriture sainte demeure une parole très humaine ; la Bible n'est pas un livre tombé du ciel et les prophètes et les apôtres ne sont pas seulement des « porte-plume du Saint-Esprit ». La doctrine de l'inspiration littérale, enseignée par la théologie postérieure à la Réforme, correspond exactement à la doctrine de la transsubstantiation que nous rejetons, parce qu'elle ne prend pas au sérieux la réalité humaine et terrestre et qu'elle volatilise ainsi le Mystère. Les apôtres et les prophètes sont des êtres de chair et de sang ; ils sont des hommes qui vivent dans une situation historique donnée et qui ont chacun son caractère propre. Il est donc nécessaire d'étudier leurs écrits avec toutes les ressources de la philologie et de l'histoire. Ce n'est pas seulement l'humanisme et son intérêt pour les langues qui ont poussé Luther et ses collaborateurs à étudier avec soin les textes bibliques ; c'est le respect dû au vase d'argile dans lequel Dieu s'offre lui-même au monde avec la plénitude de sa vérité. Quand on oublie ce contexte et que les livres de l'Écriture sainte sont disséqués sans respect comme n'importe quel autre livre, Nietzsche a raison de dire que « le protestantisme a livré l'Écriture sainte entre les mains des philologues, c'est-à-dire des destructeurs de toute foi fondée sur des livres » *(Le Gai Savoir)*. Qui oserait nier que beaucoup de travaux théologiques donnent raison à ce mot de Nietzsche ?

La justesse du « sous » de la formule en question se vérifie encore plus ici. Le Mystère de Dieu est caché « sous » le discours humain qui nous le transmet. L'Écriture sainte participe à la forme du serviteur que Dieu revêt sur la terre. On peut lire l'Écriture sainte sans y percevoir la « Parole de Dieu ». L'aspect très humain de ces écrits, leur langue étrangère, la distance qui nous sépare d'eux dans le temps, la conception du monde si différente de la nôtre qu'ils véhiculent, le caractère incertain de leur transmission, le danger d'une interprétation théologique trop figée, tout cela contribue à cacher ce qui veut se révéler ici. Ce que nous entendons et lisons nous apparaît comme une parole énigmatique (1 Co 13,12) qui cache en même temps qu'elle décrit et dont les allusions sont en même temps des silences. L'oreille du « scribe » n'est pas ouverte à la révélation vivante (Jn 5, 39). Le mystère authentique est sauvegardé par le fait que cette Parole ne peut pas être directement comprise dans la forme sous laquelle elle nous parvient. Il y a trop d'obstacles externes, historiques, philologiques – et ne faut-il pas dire aussi « théologiques » ? –, de sorte que cette Parole peut devenir un mur opaque, une prison et un tombeau pour la vérité vivante. C'est donc se tromper dangereusement que de penser pouvoir persuader le monde de la vérité vivante de la Parole de Dieu par une augmentation massive de la diffusion de la Bible. Le Mystère n'est pas accessible au grand public, même pas sous la forme de l'Écriture sainte.

Dans un certain sens, ces remarques s'appliquent aussi au dogme tel qu'il est résumé dans les confessions de foi classiques de l'Église. Le dogme est une tentative faite pour exprimer le Mystère confié à l'Église de telle manière qu'il soit garanti contre les malentendus et contre les caricatures, et la « confession » de l'Église n'a de sens et d'autorité que dans la mesure où elle témoigne du mystère de Dieu. Le dogme n'a donc ni l'intention ni la possibilité de s'imposer sans médiation à la pensée rationnelle. Parce qu'il parle du Mystère, il doit même rester étranger (étrange !), insuffisant et scandaleux pour tout système de pensée rationnel, fondé exclusivement sur l'expérience et sur la démonstration logique. Mais, tout en prétendant exprimer la vérité ultime et contraignante, le dogme a aussi un côté très humain. Il ne renie pas ses liens avec l'histoire des idées, son attachement à certaines habitudes historiques de penser, et c'est ainsi que le dogme ou la « confession » cachent inévitablement ce qu'ils veulent révéler. Depuis le Concile Vatican II, l'Église catholique romaine a pris une conscience plus claire de cet aspect de toutes les formules doctrinales et elle distingue consciemment les formulations passagères et le contenu de ce qui doit y être exprimé. Le dogme ecclésiastique revêt lui aussi la « forme de serviteur » du Christ. Il préserve le Mystère qui est enveloppé dans un discours humain, uni à un discours humain et par conséquent caché sous un discours humain.

La *viva vox evangelii*, la parole orale, la prédication de l'Évangile, représente cependant la forme spécifique que revêt la Parole dans l'Église. La prédication est un discours humain ; elle porte donc tous les traits des particularités humaines ; elle manifeste les capacités, les intuitions, mais aussi les manques et les limites du prédicateur ; elle est par ailleurs soumise à toutes les lois du style oratoire, à toutes les règles de la rhétorique, de la logique et de la psychologie. Ne pas tenir compte de cela signifierait mépriser le vase humain destiné à recueillir et à transmettre le trésor de la vérité. Ce discours peut, lui aussi, cacher et voiler dans une large mesure le mystère de Dieu. Il est, certes, pénible d'entendre un discours qui, malgré de bonnes intentions, ne manifeste aucune qualité de style, d'élocution, ni de gestique ; c'est aussi lamentable que d'entendre une chorale chanter faux. Mais il arrive aussi qu'une prédication fondée sur une exégèse minutieuse, construite selon les règles de l'art et prononcée avec soin, ne soit pas plus qu'une conférence théologique ou une bonne allocution religieuse. Une prédication de ce genre peut devenir un scandale, parce qu'à des gens affamés elle offre des pierres au lieu de pain et que le verbiage exclut les auditeurs du lieu du « Mystère » où ils désiraient pénétrer. Tout cela n'autorise cependant pas l'Église (l'*ekklèsia*) à abandonner la certitude que sa prédication est destinée à être ce qu'elle est effectivement : le moyen que Dieu emploie pour s'approcher des hommes.

Mais toutes ces choses ne peuvent être dites du Mystère dans la parole sans que nous disions en même temps le danger qui nous guette dans cette rencontre avec la « Parole ». Dieu ne veut jamais faire violence à l'homme quand il se manifeste à lui, et la parole, fût-elle la Parole de l'Écriture sainte, ne peut guérir ni sauver aucun homme par son seul contact. Personne ne participe au « salut » en dehors de la foi, c'est-à-dire en dehors de l'abandon humble et obéissant de son cœur et de sa volonté. La Parole de l'Écriture sainte, la parole du Credo de l'Église, la parole du discours qui se fait entendre au cours du service divin veut être « écoutée » ; mais cette écoute n'est pas seulement une écoute physique ; elle est la disponibilité intérieure que nous désignons par le mot « obéir ». C'est pour cette raison que la Réforme a tellement insisté sur le concept de « Parole de Dieu » et qu'elle a mis en relief la parole prêchée comme réalité importante de la vie ecclésiale. Cette interpellation permet, en effet, à l'homme de prendre une claire conscience de sa « responsabilité » puisqu'il se sent réellement visé, apostrophé et invité à se décider. La Réforme a toujours pris grand soin d'insister sur cette « responsabilité » des auditeurs et des croyants et sur le lien indissoluble entre la Parole et la foi, qui met à l'abri de toute fausse sécurité.

Celui qui refuse de croire et d'obéir n'a pourtant pas simplement entendu une parole extérieure et neutre. Nous n'avons ni le droit ni la possibilité de nous comporter à l'égard de cette Parole comme si elle n'était que l'expression d'une opinion quelconque, soumise à notre critique. Nous ne pouvons pas garder nos distances à l'égard de cette Parole. Le mystère de la Parole a un effet destructeur pour l'homme qui la rencontre autrement que dans un esprit d'humble disponibilité. C'est pourquoi l'homme s'expose à un terrible danger quand il aborde la Parole de l'Écriture sainte et la parole prêchée, dans une attitude de critique purement négative et de refus hautain. On ne peut pas écouter la Parole de Dieu impunément ; quiconque l'écoute sans l'« entendre » (dans un sens positif) est soumis au Jugement, et on ne peut que trembler quand on pense à l'ampleur de la ruine spirituelle qui découle de ce manque de respect et de sérieux.

Voilà justement pourquoi la Parole occupe une place capitale dans le service divin. Elle y est intégrée dans une ambiance de recueillement et de prière. Cette orientation vers Dieu, cette préparation pleine de respect permettent seules de bien écouter la Parole et de l'accueillir réellement. Là réside le lien propre qui existe entre la prédication et la « liturgie ». Cette dernière ne répond absolument pas au désir esthétique d'enrichir et d'embellir le culte ; elle veut nous préparer par la prière à rencontrer sans dommage le Mystère de la Parole ou plutôt le Mystère dans la Parole. La préparation liturgique comme la manière de présenter les lectures bibliques préservent, elles aussi, le caractère mystérique de la Parole. Il est très important de prier à plusieurs reprises pour la proclamation et l'écoute authentiques de la Parole divine, parce que le danger d'une fausse écoute est grand, en particulier pour le théologien et pour le pasteur, contraints à une fréquentation quotidienne de l'Écriture et qui oublient trop souvent et trop facilement que cette Écriture est chargée de toute la dynamique du Mystère. Plus que tout autre, le théologien risque de devenir incapable de percevoir le Mystère. C'est une dangereuse illusion de penser que l'on pourrait séparer la Parole confiée à l'Église de ce lieu particulier qu'est l'Église en prière et que l'on pourrait la traiter comme n'importe quel document littéraire ou comme n'importe quel objet de recherche scientifique. « Tu ne prendras pas le nom de l'Éternel, ton Dieu, en vain, car l'Éternel ne laissera pas impuni celui qui aura pris son nom en vain. »

J'ai écrit cela il y a plus de trente ans déjà et je le répète ici en ajoutant cependant une remarque relative à la tendance actuelle à remplacer la prédication-monologue par une discussion. La plupart du temps, on ne fait pas une distinction claire entre entretien et discussion. Alors que l'entretien peut être utile, la « discussion » (étymologiquement le fait de couper en morceaux) est une caricature de l'entretien, parce qu'au cours d'une discussion personne ne songe vraiment à écouter, préoccupé qu'est chacun d'avoir raison. L'évangile de Jean parle des « discussions » que Jésus a eu avec les « Juifs » incapables de comprendre. Or, ces discussions montrent clairement et de manière effrayante que les Juifs en question se retranchaient et s'endurcissaient dans leurs malentendus, alors que Jésus, loin de proposer un compromis à ses adversaires, rendait au contraire un témoignage de plus en plus pointu au Mystère en tant que tel. La discussion n'est pas une forme de communication acceptable quand il s'agit de transmettre les mystères de Dieu. Elle risque de détruire le Mystère authentique et l'Église qui se laisse entraîner dans des discussions a déjà trahi le Mystère et a démissionné. Préconiser la discussion (pas l'entretien !) est, à mon avis, un symptôme de l'autodestruction qui menace l'Église. Le Mystère n'est pas un objet de discussion !

Le baptême en tant que Mystère

Les descriptions classiques de l'Église et de ses formes de vie placent le sacrement à côté de la Parole. Nous avons expliqué plus haut pourquoi nous considérons le couple non biblique « Parole et Sacrement » comme faux et ambigu. Les livres symboliques de l'Église luthérienne et la théologie postréformatrice décrivent l'essence du sacrement à peu près en ces termes : Les sacrements sont des actes, bibliquement fondés, institués et ordonnés par le Christ lui-même, et l'Église se conforme à un commandement divin lorsqu'elle accomplit ces actes d'une manière conforme à leur institution. A la parole d'institution, qui ne doit jamais être absente de la célébration du sacrement, s'ajoute un signe extérieur et sensible, qui offre une certaine garantie à notre foi chancelante et qui donne à la conscience tourmentée la consolation de la grâce. « Dans, avec et sous » ces signes terrestres, les dons de l'Esprit ne sont pas seulement promis ; ils sont réellement donnés, mais seul celui qui croit trouve le salut dans ces dons.

On a parfois décrit la relation qui existe entre la Parole et le sacrement en disant que les sacrements offrent réellement ce que la Parole promet seulement. Nous avons déjà réfuté cette manière de voir dans le chapitre précédent. L'autre distinction, qui consiste à dire que, dans le sacrement, un signe extérieur, à savoir l'« élément », s'ajoute à la Parole, n'est pas convaincante parce que la Parole prononcée ou écrite est, elle aussi, un signe sensible qui ne doit pas être dévalué par l'affirmation erronée selon laquelle le langage ne serait qu'un phénomène purement spirituel, dépourvu de signes extérieurs.

Toutes les affirmations de la Réforme et plus encore la pratique des Églises issues de la Réforme ne laissent subsister aucun doute : les sacrements sont un élément indispensable et essentiel du culte chrétien. Jamais jusqu'à ce jour l'Église protestante n'a renoncé à incorporer par le baptême les membres qui se joignent à elle ou qui naissent en son sein ; jamais elle n'a hésité à pratiquer l'admission à la sainte Cène en tant qu'accès à la pleine communion de l'Église. Pourquoi, alors, les sacrements ont-ils eu de moins en moins d'importance dans le protestantisme ? Sans aucun doute, même la théologie protestante actuelle ne s'intéresse-t-elle encore que trop peu à la célébration des sacrements.

Ce n'est pas par hasard que, pendant plus d'un millénaire, l'Église n'a eu aucune doctrine solidement établie et universellement reconnue concernant le nombre des sacrements. C'est en 1439 seulement que le Concile de Florence a érigé le septénaire sacramentel en doctrine officielle. Les Réformateurs ont hésité à ce sujet et nous avons déjà rappelé cette affirmation de l'*Apologie de la Confession d'Augsbourg* : « Aucun homme raisonnable ne saurait se passionner pour une dispute au sujet du nombre des sacrements. »

Dans l'église Sainte-Marie de Wittenberg, où Luther a prêché, on a érigé en 1547 (une année après sa mort) un autel sur le retable duquel Lucas Cranach a représenté les trois sacrements de l'Église évangélique : la Cène au centre, à gauche le baptême et à droite la pénitence ; le célèbre tableau qui représente Luther prêchant en chaire n'occupe qu'une place très modeste sur la prédelle de ce retable. Or c'est précisément ce tableau-là qui a été reproduit en d'innombrables exemplaires, alors que les grands tableaux consacrés aux sacrements sont à peu près inconnus.

L'incertitude dont nous parlons a une cause plus profonde. Les actes qu'on a finalement décidé de reconnaître et de conserver comme « sacrements » avaient été détachés du grand complexe du

Mystère. Mais l'être même de l'Église et toutes ses formes de vie plongent dans le large fleuve du Mystère, qui les irrigue totalement. Quand saint Paul parle de l'*oikonomia* des mystères de Dieu, il ne pense pas à des actes isolés, mais plutôt à la puissance du Mystère total qui irrigue, éclaire et nourrit tout. L'Église d'Occident a baigné pendant plus de mille ans dans cet immense et vaste Mystère. L'Église d'Orient y est toujours restée immergée. Quand, au Moyen Age, l'Église a effectivement quitté cet espace du Mystère, le besoin s'est fait sentir de définir avec précision le nombre des sacrements. La Réforme a poursuivi sur cette lancée et elle a fixé à trois, puis à deux le nombre des sacrements, sans se rendre compte que cette évolution l'écartait forcément de plus en plus de l'Écriture sainte qu'elle considérait pourtant comme sa norme fondamentale.

Les actes que l'Église protestante appelle « sacrements » sont les vestiges d'un univers de Mystère qui englobait et qui remplissait autrefois la vie de l'Église dans toute sa largeur et sa longueur, sa profondeur et sa hauteur. Ces actes sont pour ainsi dire des blocs de roche primitive, restés en place, alors que les matériaux moins durs étaient dissous et emportés par les flots d'une pensée totalement différente. Les voici donc au milieu d'un paysage transformé de fond en comble, ces débris de roche primitive, étrangers et étranges, témoins inexpliqués et inquiétants d'un univers englouti. Quand, lassés par le bavardage purement intellectuel, certains sont saisis par la nostalgie du mystère de la présence de Dieu dans ce monde, ils sont attirés par ces rochers comme par des îles, vestiges d'un déluge terrifiant. Ces curieuses reliques — certains théologiens ne se gênent pas pour les appeler ainsi — ont été conservées comme une tradition vénérable, sans que l'on soit vraiment persuadé de la nécessité de leur maintien. Le désintérêt par rapport aux sacrements au profit du seul culte de la Parole est la conséquence inéluctable de cette évolution.

Nous avons l'habitude de considérer le baptême et la sainte Cène comme les deux seuls véritables sacrements, et même l'Église romaine les considère comme les sacrements essentiels parmi les autres. Cependant, parce que le mot « sacrement » n'a pas d'équivalent dans le langage biblique, nous ne trouvons nulle part dans le Nouveau Testament de tentative pour donner un titre générique commun aux deux actes ecclésiaux que sont le baptême et la sainte Cène. Ils font pourtant tous les deux forcément partie des mystères et ils participent au caractère mystérique que revêtent tout discours et tout acte dans l'Église. C'est pourquoi il nous faut d'abord examiner ce que signifie la compréhension du baptême comme mystère.

On n'a jamais contesté le fait que le baptême représentait l'accueil réel dans l'Église, l'incorporation au corps du Christ, et cela même quand certains droits, comme par exemple celui de participer à la sainte Cène, étaient réservés à plus tard. Le baptême a donc été compris comme *sacramentum initiationis*. C'est dans ce sens qu'il a une valeur œcuménique et qu'au moins en principe il est reconnu par d'autres églises comme accueil dans l'Église. (Cette reconnaissance est, il est vrai, liée à certaines conditions formelles comme le fait d'administrer le baptême au nom du Dieu trinitaire et de procéder à une aspersion abondante avec de l'eau.)

Le mystère lié au baptême peut être compris au moins de deux manières. Depuis le haut Moyen Age, alors que le baptême des enfants était déjà en usage depuis des siècles, le récit de la bénédiction des enfants (Mc 10, 13-16) a trouvé place dans la liturgie baptismale, sans doute comme une espèce de justification du baptême des petits enfants. Mais il est important de remarquer que Jésus n'a adressé aucun message aux enfants qu'on lui a amenés et qu'il ne leur a donné aucun enseignement religieux. L'Évangile dit seulement : « Il les prit dans ses bras (Luther a traduit : il les serra sur son cœur) et les bénit en leur imposant la main. » Les exégètes discutent pour savoir si ce *eulogein* doit être compris comme une vraie formule de bénédiction réelle, comme une bénédiction active (au sens vétérotestamentaire), ou s'il s'agit seulement d'un acte d'intercession. Cette distinction me semble pourtant dépourvue de fondement et même fausse. Jusqu'au début du second millénaire, la bénédiction ou l'absolution étaient, elles aussi, prononcées sous la forme d'une prière, ou plutôt d'une intercession, et, à l'inverse, le vœu de bénédiction qui se trouve au début et à la fin des épîtres néotestamentaires n'était nullement considéré comme un simple souhait, mais comme l'attribution réelle de ce qui était souhaité aux lecteurs de ces lettres. En tout cas, ceux qui avaient amené leurs enfants à Jésus ont certainement pensé que ces derniers vivaient un événement grand et important quand le Seigneur leur a manifesté sa tendresse et leur a imposé les mains en les bénissant. Cette bénédiction était un mystère authentique, si quelque chose de la puissance salvatrice de Jésus a été communiqué à ces enfants par l'imposition de la main. Jésus n'avait-il pas lui-même senti qu'une force était sortie de lui lorsqu'une femme avait simplement touché son vêtement (Mc 5,30 ; cf. Lc 5,17) ?

L'insertion de la péricope relative à la bénédiction des enfants dans la liturgie baptismale exprime donc la conviction que, dans le baptême, une bénédiction est effectivement conférée à l'enfant lorsqu'on le porte à l'église, qu'on le marque du signe de la croix « sur le front et sur la poitrine » et qu'on lui impose la main en disant le Notre Père. Ces usages soulignent le sens de l'acte de bénédiction. Seule une théologie antimystérique peut mettre en doute le pouvoir accordé à l'Église de procéder à un tel acte de bénédiction ; seule elle peut affirmer qu'il ne faut pas *donner*, mais simplement *implorer* la bénédiction ou même la remplacer par une parole d'« envoi » à la fin du culte. Toute la pensée qui inspire le présent livre nous pousse à affirmer avec insistance la réalité de l'acte de bénédiction et à croire que l'Église manque à son devoir lorsqu'elle omet de bénir au nom de Dieu.

Il se passe donc réellement quelque chose quand des enfants sont amenés à l'église pour y être bénis. Mais on peut à bon droit se demander si une telle bénédiction d'enfants doit être désignée et comprise comme un baptême. En tout cas, ce que saint Paul expose dans l'épître aux Romains comme étant le sens du baptême et ce que Luther enseigne (en se référant expressément à Rm 6) au sujet du baptême dans le 4ᵉ chapitre de son *Petit catéchisme* diffèrent fondamentalement d'une bénédiction d'enfants. Si le Mystère consiste dans la participation au mystère du Christ, dans l'incorporation à son corps et dans la participation à ses souffrances et à sa mort, alors Dieu effectue dans le baptême ce qu'il a effectué en Jésus-Christ, à savoir l'engendrement d'en haut, la nouvelle naissance à travers la mort. Alors le baptême en tant que « baptême dans la mort de Jésus » est une mise au tombeau symbolique, pour qu'à travers cette participation à la mort du Christ nous ayons aussi part à sa résurrection et à la vie nouvelle. C'est cela que saint Paul a décrit comme étant le sens du baptême au nom de Jésus, et le passage de l'épître à Tite (3,5) où le baptême est désigné comme un bain de régénération et de renouvellement par l'Esprit semble bien présupposer cette compréhension paulinienne du baptême.

Depuis son rejet catégorique par Karl Barth, la question de la légitimité et de la signification du baptême des enfants demeure posée dans l'Église protestante et le nombre des pasteurs qui adhèrent à cette position critique et en tirent des conséquences pratiques va croissant. A ce sujet, il faut, si je ne me trompe, distinguer deux questions qu'il importe de ne pas confondre. S'il s'agit de l'âge du baptême, en d'autres termes, si l'on rejette le baptême des petits enfants sous prétexte que le baptême ne peut être pratiqué sans que le baptisé en comprenne le sens et prenne lui-même une décision et s'il faut, par conséquent, attendre le moment où le candidat au baptême est capable de prendre la décision de se faire baptiser, cette argumentation montre que l'on rejette la conviction selon laquelle des décisions importantes peuvent être prises au sujet de quelqu'un sans que celui-ci ait pu en décider lui-même, et que l'Église peut agir à l'égard de quelqu'un sans qu'il en ait conscience, puisque de toute façon la décision que Dieu prend en notre faveur précède nos propres décisions. Or, cette conviction est si solidement fondée dans l'essence même du Mystère qu'il est impossible de rejeter la bénédiction des enfants à partir des arguments que nous venons de dire sans rejeter et renier la réalité du Mystère lui-même. Si aucune autre question n'était en jeu, le rejet et le refus du baptême des enfants ne seraient qu'une variante de l'attitude antimystérique qui prédomine dans notre théologie, à ceci près que cette attitude de principe a des conséquences qu'on préfère ne pas tirer pour ne pas mettre en péril certaines coutumes de l'Église multitudiniste.

De la question de l'âge du baptême, il faut distinguer celle de savoir si une telle bénédiction des enfants peut encore être appelée « baptême » au sens néotestamentaire de ce mot et si, par ailleurs, c'est une attitude juste et responsable d'accorder à de petits enfants un baptême qui signifie et réalise le mystère de la participation à la mort et à la résurrection du Christ. Ces considérations touchent peu la plupart des parents qui demandent certes le baptême de leurs enfants, mais qui désirent plutôt pour eux une simple bénédiction. Mais cette constatation n'est pas un argument contre le baptême des enfants ; sur bien d'autres points, en effet, l'Église ne fait pas dépendre son discours et sa pratique de la compréhension ou de la non-compréhension de ses membres. Sans aucun doute cependant, la notion biblique du baptême implique également le fait que, dans les temps anciens, l'eau n'était pas seulement un élément purifiant et rafraîchissant ; elle était aussi un élément de mort, en sorte que la triple immersion était parfaitement et immédiatement comprise par tous comme une mort et une résurrection symboliques. Nous, par contre, nous ne ressentons plus le caractère inquiétant et mortel de l'eau, et notre manière de célébrer le baptême ne favorise aucunement l'évocation d'une mise au tombeau symbolique. Mais même cette considération n'a pas le poids que lui attribuent certains adversaires du baptême des enfants, car le symbolisme de l'eau ne joue guère un rôle déterminant dans la doctrine baptismale du Nouveau Testament et il est pour le moins vraisemblable que, dans la pratique, l'immersion a été très tôt remplacée par une simple aspersion plus ou moins abondante, ne fût-ce qu'en raison du manque d'eau dans certaines régions ; ce fait montre bien que l'on n'attribuait pas une valeur essentielle à cette pratique symbolique. La question de savoir s'il convient d'entraîner un nouveau-né dès le début de sa vie dans cette participation à la mort et à la résurrection du Christ est bien plus importante. Cette question n'est pas identique à celle de la réalité de la bénédiction, mais c'est la compréhension même du Mystère qui est ici en jeu. L'agir de Dieu en tant que mystère se dérobe toujours à notre compréhension intellectuelle ; il dépasse par essence notre propre activité et nos possibilités d'expérience. La foi dans le Mystère, et le fait que l'homme soit engagé dès le début de sa vie dans un devenir mystérieux et incompréhensible ne s'excluent donc pas : nés pécheurs, nous sommes offerts à Dieu et intégrés dans le royaume de son Esprit ; dès notre naissance, nous sommes soumis au régime de la grâce ; voués à la mort, nous participons dès le début de notre vie à la promesse de la vie divine et éternelle. Le fait même que tout cela – le pardon des péchés et la vie à travers la mort – soit promis et attribué à un petit enfant montre très clairement le caractère mystérique de tout ce qui se passe dans l'*ekklèsia*. Le fait que les parents qui présentent leur enfant au baptême reconnaissent et expriment la portée de leur acte n'a aucune importance décisive car, par définition, le mystère dépasse toujours toute compréhension. Les questions et les refus formulés plus haut ne peuvent fonder et justifier le refus du baptême des enfants que si l'on méconnaît, oublie ou rejette le Mystère en tant que tel. On ne peut entamer aucune discussion sérieuse sur la légitimité du baptême des enfants sans une réflexion sur le Mystère en tant que notion centrale de la pensée biblique. C'est seulement en réfléchissant à cet aspect des choses que nous échapperons au danger de pratiquer un acte traditionnel pour la seule raison que cet acte était en usage dès les origines de l'Église et malgré le fait que nous ne puissions plus vraiment nous en approprier le sens. Cette réflexion seule nous permet d'être armés pour affronter toutes les objections qu'on ne cessera d'élever contre le baptême des enfants au nom d'une raison qui prétend tout régenter et au nom de la valeur prééminente que nous accordons aux décisions que nous prenons nous-mêmes.

D'ailleurs, si nous réussissions à réintroduire la célébration de la nuit pascale dans notre Église protestante et si nous arrivions à insérer les baptêmes dans cette célébration nocturne, la relation qui s'établirait spontanément entre le baptême, l'annonce de la Résurrection et la jubilation pascale ferait apparaître le sens le plus profond du baptême (qui dépasse la « bénédiction des enfants ») bien mieux que beaucoup de discours instructifs. Même ceux-là saisiraient ce sens, qui ne connaissent pas la doctrine du baptême et qui ne sont pas en état de comprendre le langage des symboles.

La Cène en tant que Mystère

Il n'est pas facile de trouver un nom adéquat et généralement accepté pour désigner la célébration du repas que, selon les récits concordants du Nouveau Testament, Jésus a institué la veille de sa mort. Dans son *Petit Catéchisme*, Luther a juxtaposé deux expressions : le Sacrement de l'autel et la sainte Cène. L'expression « Sacrement de l'autel » semble suffisamment justifiée par le fait que ce repas est traditionnellement célébré devant l'autel qui est certainement lui-même à l'origine la « table du Seigneur » où ce repas est célébré. Mais la forme donnée à l'autel à partir du Moyen Age (l'autel avec retable) empêche d'y organiser un vrai repas en commun et de plus nos liturgies situent aussi à l'autel d'autres actes, comme la prière et les différentes cérémonies de bénédiction. Le désir vivement ressenti de retrouver une célébration communautaire de la Cène semble permettre à beaucoup de gens de retrouver le sens originel de cet acte, de sorte que l'expression « Sacrement de l'autel » ne nous semble plus vraiment juste et adéquate.

A cette expression le *Petit Catéchisme* de Luther juxtapose celle de « sainte Cène ». Le repas pris en commun est l'élément essentiel et prédominant de cette célébration qui comporte pourtant, dans sa plénitude complexe, d'autres éléments encore, que l'on ne saurait comprendre comme des préliminaires ou des ornements superflus. Le terme d'« eucharistie », c'est-à-dire de repas d'action de grâces, a un solide fondement biblique ; il est aussi employé souvent dans les écrits confessionnels de l'Église luthérienne et il est traditionnel dans l'Église catholique romaine ; mais jusqu'à un passé récent, il était trop étranger au protestantisme pour faire l'unanimité. Le mot de « communion » exprime, lui aussi, un aspect essentiel de cet acte, sans en dire cependant toute la plénitude de sens. J'ai, quant à moi, proposé l'expression de « célébration de la Nouvelle Alliance », qui se réfère très précisément aux paroles d'institution, où ce repas est expressément désigné comme l'accomplissement de la promesse de la Nouvelle Alliance (Jr 31) ; mais cette expression est trop longue et trop compliquée pour s'imposer vraiment.

Dès lors, ne devrions-nous pas, en accord avec Luther et avec le langage utilisé dans beaucoup d'Églises luthériennes du monde entier, parler de « Messe » ? C'est l'expression la plus brève et, en plus de sa dimension œcuménique, elle a aussi cet avantage que, indépendamment de tout le contentieux théologique et confessionnel, le mot « messe », dérivé de *missa* (*est contio*), caractérise cette célébration comme le lieu à partir duquel nous sommes envoyés dans le monde, dans notre vécu quotidien, vers notre service. Il m'a pourtant semblé plus juste de renoncer à employer le mot de « messe » dans le présent livre et de parler d'une manière plus conventionnelle de « repas sacré » pour ne pas grever le contenu de ce livre des débats et de la suspicion injuste dont le mot de « messe » est l'objet.

Le plus simple sera donc de parler de « sainte Cène » (en allemand : souper du soir), puisque la première célébration de ce repas a bien eu lieu un soir, encore que, depuis des siècles, il soit presque toujours célébré le matin. Personne ne devrait non plus refuser d'appeler ce repas « sainte Cène », comme Luther l'a fait dans son *Petit Catéchisme*, pour le distinguer d'un repas profane. Il se peut d'ailleurs que nous courions aujourd'hui plutôt le danger inverse, à savoir celui d'introduire une distinction erronée entre le « sacré » et le monde profane. Peut-être l'adjectif « saint » érige ici une barrière qui complique ou empêche pour certains l'accès à ce repas. Si, en fin de compte, nous préférons parler simplement de la « Cène », chacun sait de quoi il est question dans ce chapitre.

Nous soulignerons surtout ici le fait que la méditation sur la Cène montre à l'évidence combien il est important de parler du Mystère et non du Sacrement.

Une chose n'a jamais été mise en doute, ni même discutée : le Mystère, le mystère de la présence de Dieu au milieu de nous, trouve son expression décisive dans ce repas. Odo Casel et ses amis peuvent s'appuyer sur la tradition de toute l'Église en référant essentiellement leur théologie des mystères à la célébration de ce repas qu'ils appellent la Messe. La relation avec le mystère de l'Incarnation, avec le *sarx egeneto* de Jean 1, 14, apparaît ici plus clairement que nulle part ailleurs dans la vie de l'Église. Luther lui-même a toujours parlé de la sainte Cène en des termes qui conviennent pour parler du Mystère. Tout son intérêt se concentre sur le fait que, dans ce repas, le Christ est lui-même présent au milieu de nous et s'unit à nous ; l'explication du 5e point de son *Catéchisme* ne laisse aucun doute à ce sujet. Il y a ici plein accord avec l'article X de la *Confession d'Augsbourg* qui explicite de la manière suivante la doctrine luthérienne de la sainte Cène : *quod corpus et sanguis Christi vere adsint et distribuantur vescentibus* (que le corps et le sang du Christ sont vraiment présents et distribués à ceux qui mangent). Il faut être attentif à la différence entre le texte allemand de cette confession et son texte latin. Tandis que, dans le texte latin, l'adverbe *vere* insiste sur la présence réelle du corps et du sang du Christ, le texte allemand parle du « vrai » (adjectif) corps et sang...

Dans tout son enseignement à propos de la Cène, Luther insiste pourtant aussi beaucoup sur le fait que la présence du Christ dans ce repas doit être comprise non comme un objet, mais comme un événement, comme une *actio*. Cette action est celle de manger et de boire, et c'est ce qui justifie le fait de parler d'un « repas » par contraste avec telle forme de la Messe où le pain et le vin ne sont pas consommés. Dans son *Petit Catéchisme*, Luther précise que ces mots « pour vous », auxquels il accorde une importance décisive, constituent l'essentiel du sacrement, mais « à côté » de l'action corporelle de manger et de boire. De là découle la règle très stricte selon laquelle « rien, en dehors de l'utilisation, n'a le caractère de sacrement ». C'est pourquoi les Réformateurs protestent énergiquement contre la conservation et l'adoration de l'hostie consacrée, usage qui, au Moyen Age, avait remplacé de plus en plus l'absorption réelle. La formule de Concorde (*Solida Declaratio VII*, 649) dit à propos de cette adoration de l'hostie consacrée : « Les nôtres sont d'avis qu'en dehors de l'usage (c'est-à-dire de l'action de manger et de boire), lorsque le pain est conservé ou exhibé lors des processions, le corps du Christ n'est pas présent. » Les dogmaticiens luthériens sont d'accord avec cette affirmation quand ils disent que, dans le sacrement du repas, le Christ n'est pas un objet qui dure *(non est res permanens)*, mais une action.

On est tenté de dire que, dans sa doctrine du sacrement, Luther a voulu préserver le dernier reste, le dernier rempart du Mystère. En 1529, il a défendu ce Mystère contre Zwingli ; mais, en se référant au mot *est* dans les paroles d'institution, il a défendu une juste cause avec un argument faible et au fond insoutenable. En effet, le mot *est*, qui figure dans le texte grec et qui a été adopté par la traduction latine, ne peut absolument pas être exprimé dans le texte araméen et n'a donc sans doute pas pu être prononcé le soir de l'institution. Le mot hébreu correspondant : *haja*, sur lequel se fonde le nom de Yahvé, doit être compris de manière dynamique et non ontologique ; il ne désigne pas un « être en soi », mais un événement, et il doit être compris au sens personnel et historique. C'est pourquoi Luther a eu raison de traduire par un futur le mot mystérieux par lequel Dieu cache son nom plutôt qu'il ne le révèle à Moïse au mont Horeb : « Je serai qui je serai », pour souligner l'historicité de la notion de Dieu que ce mot indique. Compte tenu de ces réflexions, nous devons reconnaître que l'expression « présence réelle » est très mal choisie et incapable de désigner la réalité du Mystère. Le Christ présent et agissant en tant que « personne » n'est pas une *res* (aussi peu que Dieu est un objet dont on peut dire : « il y a... un Dieu »).

Une raison plus déterminante encore nous fait hésiter à parler de « présence réelle ». Depuis que le mot biblique de *mystèrion* a été remplacé par *sacramentum*, donc depuis que l'existentialité de la révélation a cédé la place à la désignation d'un objet, l'accent s'est déplacé logiquement de l'*actio* à la *res*, du déroulement du repas aux « éléments », aux dons terrestres qui sont consommés au cours de ce repas. La manière dont Paul (1 Co 10 et 11) parle de la tradition chrétienne primitive relative à ce repas montre sans ambiguïté que, pour lui, le repas corporel a été le lieu décisif du Mystère ; les « éléments » ne jouent aucun rôle, en dehors du fait qu'ils sont mangés et bus. Une fois ce glissement achevé, la question de savoir quand et de quelle manière le Christ s'unit au pain et au vin et en vertu de quoi cette union mystérieuse peut avoir lieu s'est forcément posée. Sans aucun doute, c'est très tôt que cette union a été comprise comme une « transformation » du pain et du vin en corps et sang du Christ, et que l'épiclèse a consisté à demander à Dieu de « faire » de ces offrandes terrestres le corps et le sang du Christ ; mais c'est déjà là une conséquence de ce déplacement d'intérêt de l'*actio* vers la *res*, de l'acte vers l'objet, donc du remplacement du Mystère par le « sacrement ».

Certes, Luther n'a pas approuvé la doctrine de la transformation de l'essence des éléments, la *transsubstantiatio*, mais il ne l'a pas non plus combattue avec la même énergie que ses successeurs, parce qu'il ne s'intéressait vraiment qu'à la présence réelle du Christ et parce qu'il n'avait sans doute pas vu clairement combien le concept de *sacramentum* altérait le concept biblique de Mystère. Il n'a donc pas non plus reconnu (ou du moins il ne l'a jamais dit clairement) que, loin de garantir le Mystère, le concept de la transsubstantiation le mettait plutôt en danger, parce qu'il ne respectait pas l'« avec » dont nous avons précédemment parlé. Si le pain et le vin sont « transformés » en corps et en sang du Christ, s'ils ne sont donc plus du pain et du vin, le Christ ne s'est pas uni *avec* les offrandes terrestres. La doctrine de la transsubstantiation dissout le Mystère sur un point important ; elle correspond à la conception docète de la personne du Christ et elle nie sa vraie humanité ; elle correspond à la doctrine de l'« Immaculée Conception » qui retranche la mère du Seigneur de la réalité de la nature humaine et remet ainsi en question la réalité de l'incarnation.

Par opposition à cette doctrine erronée d'une transformation de la substance, Luther s'est parfois servi du terme de *consubstantiatio*. Le préfixe *cum* (« con ») exprime effectivement mieux le sens du Mystère que le préfixe *trans* qui dissout cet « avec » important. Mais Luther ne s'en est pas tenu à ce terme comme étant le meilleur et il ne lui a pas accordé une préférence de principe, parce que, là aussi, la désinence *tio* désigne un processus qui conduit à un état durable, alors qu'il voulait absolument exclure cette union durable entre le Christ et les « éléments ». L'emploi occasionnel du verbe *mutare* ne contredit en rien l'appréciation critique fondamentale de Luther.

Étant donné que l'emploi du concept de *substantia* fait aujourd'hui problème jusque dans l'Église catholique romaine, nous ne voyons pas pourquoi nous devrions, nous, rejeter le concept de *transsubstantiatio* et préférer celui de *consubstantiatio*. En revanche, nous sommes amplement fondés à opposer à la doctrine d'une transformation essentielle du pain en corps du Christ l'évidence que le pain est et reste du pain et que le vin est et reste du vin, et pour dire que cette union avec un élément terrestre, qui ne cesse d'être ce qu'il est, fait partie de l'essence même du Mystère véritable.

Le désaccord devient aigu lorsque surgit la question de savoir ce qu'il faut faire des hosties (et du vin) « consacrés » au cours de la célébration, mais qui n'ont pas été utilisés. La pratique médiévale voulait qu'ils fussent absorbés ou détruits. Mais s'il n'y a pas eu d'union définitive ou relativement durable entre les hosties et le corps du Christ, il est juste de les traiter comme des éléments non consacrés, ainsi que la dogmatique luthérienne l'a enseigné. Toutefois, le respect et le tact devraient interdire d'utiliser ce pain et ce vin pour des usages domestiques. Cela fait partie des questions qui, sans avoir un grand poids théologique, exigent un certain tact ; faire des éléments consacrés un usage profane affiché est une mauvaise manière de protester contre de fausses solennités théologiques ou contre des excès de scrupules. Luther disait : « Ce qui advient du pain m'importe peu » ; cela montre le peu d'intérêt qu'il accordait à la question de la transsubstantiation et à celle de la réserve eucharistique.

Les dogmaticiens luthériens ont défendu avec insistance la thèse selon laquelle l'union entre le corps et le sang du Christ et le pain et le vin ne survient qu'au moment de l'absorption, et c'est cela qu'ils appelaient l'*usus* (usage) en dehors duquel le sacrement n'est pas un sacrement. Le caractère événementiel du Mystère est ainsi sauvegardé et toutes les spéculations relatives à l'utilisation des « éléments » et à leur vénération après le repas sont délibérément écartées. Il y a là une analogie avec le baptême. Seul importe le fait que le baptême soit célébré avec de l'eau ; mais personne n'aurait l'idée d'attribuer à cette eau une signification « sacramentelle » particulière.

S'il en est ainsi, ce qu'on appelle traditionnellement la « consécration » – c'est-à-dire la bénédiction des signes terrestres, l'expression de leur insertion dans l'événement sacramentel – perd au fond son sens et sa justification. En général, on considère que cette consécration coïncide avec la lecture des paroles d'institution (*verba sacramenti*) et jusqu'à nos jours la liturgie luthérienne appelle consécration la récitation des paroles d'institution. C'est une tradition très ancienne (elle remonte aux premiers siècles) qui attribue cette signification « consécratoire » aux paroles d'institution. Nous trouvons là un résidu de certaines idées préchrétiennes selon lesquelles la déclamation liturgique d'un récit donné rend présent ce qui est raconté ; ainsi la récitation liturgique de certains mots, qui n'avaient à l'origine qu'une signification cognitive, leur donne un pouvoir effectif. La prescription et la coutume qui veulent que les paroles d'institution soient prononcées chaque fois que la Cène est célébrée ou que de nouveaux « éléments » sont déposés sur l'autel pendant la distribution, de même que l'usage luthérien de faire le signe de croix sur le pain et le vin au moment où l'officiant dit : « Ceci est mon corps » et : « Ceci est mon sang », confèrent à ces paroles d'institution une importance essentielle pour le caractère événementiel du Mystère dans la Cène. Mais il convient de se demander sérieusement si cette valorisation des paroles d'institution est compatible avec la thèse fondamentale selon laquelle l'union avec le Christ ne survient qu'à travers l'action de manger et de boire. La « consécration » des éléments ne peut avoir d'autre sens que de leur conférer une qualité qu'ils ne possédaient pas auparavant ; si l'on prend vraiment au sérieux le mot de *consecratio*, les éléments sont maintenant dépouillés de leur être profane pour devenir une réalité « sacrée », et donc un *sacramentum*.

Mais cette question de savoir à quel moment se produit le mystère de l'union, à partir de quand le Christ est présent et quelle est la durée de cette présence, est sans doute mal posée. Curieusement, ce sont précisément les théologiens catholiques romains qui tiennent à faire remarquer que cette question est incompatible avec le sens du Mystère qui n'admet pas de précisions de ce genre ; selon les représentants de la théologie du Mystère, c'est plutôt l'ensemble de la célébration qui a une signification consécratoire.

Ce que nous avons dit plus haut du déplacement d'accent de l'*actio* (du repas) vers la *res* (les éléments) rend également plus étroite la compréhension de l'expression importante : « le corps du Christ » (« mon corps » dans le texte des paroles d'institution). Si Jésus a prononcé ces mots, il est certain qu'il parle ici de son propre corps qui sera « rompu » le lendemain, et qu'en disant : « Ceci est mon sang », il parle de son propre sang qui sera versé sur la croix. Mais on ne peut s'empêcher de se demander si ces mêmes mots, employés par l'apôtre Paul dans une formulation traditionnelle, se réfèrent de la même manière au corps physique du Christ, alors que, par ailleurs, Paul désigne toujours par « corps du Christ » l'*ekklèsia* en tant que corps terrestre du Ressuscité. Dans le passage décisif de 1 Co 11, il blâme les Corinthiens parce que leur comportement pendant le repas montre qu'ils ne « discernent pas le corps ». Mais ce comportement « indigne » consiste en ce qu'ils renient l'amour dû aux autres membres de la communauté et qu'ils blessent ainsi le corps du Christ (c'est-à-dire la communauté). Il est donc probable que, dans ce texte, le « corps » (du Christ) désigne la communauté. Ce rapport devient encore plus évident en 1 Co 10 où Paul parle du danger couru par ceux qui participent à un sacrifice païen, parce qu'en un certain sens ils deviennent ainsi membres d'une communauté cultuelle païenne et qu'ils entrent en relation intime avec les démons. Il est dit clairement ici que ceux qui ont communié à un seul pain sont devenus eux-mêmes « un seul corps ». Et comme le mot *koinonia* ne signifie pas « communion avec » mais « participation à », il faut traduire l'expression « *koinonia tou sômatos tou Christou* » par « participation au corps du Christ », donc à sa communauté. Or, le Mystère dans l'Église se caractérise précisément par le fait que je participe au mystère du Christ en participant à son corps, l'*ekklèsia*. Mais je ne peux y participer sans en devenir moi-même une partie et sans appartenir moi-même à ce corps en qualité de membre. Ce renversement d'image, cette double orientation dynamique, qui est caractéristique du style du discours mystérique, signifie donc que, dans ce repas, je ne « reçois pas seulement le corps et le sang du Christ », comme on dit couramment, mais que j'ai part au corps du Christ et que je deviens une partie de l'*ekklèsia* qui est son corps. On pourrait dire aussi qu'en tant que participant à ce repas, j'accueille en moi le corps du Christ et que le corps du Christ m'accueille en lui. Je ne peux me l'incorporer qu'en y étant incorporé moi-même. C'est dans ce double sens que le Mystère trouve son expression parfaite dans le repas de la Cène.

Odo Casel a parfois laissé entendre que les paroles : « Ceci est mon corps » ne sont pas seulement prononcées en pensant au pain, mais au moins autant en pensant à l'*ekklèsia*. Dans un autre contexte il rappelle l'antique idée orientale selon laquelle le macrocosme est un grand corps ; cette idée mythique trouverait son accomplissement plénier dans la vie de l'*ekklèsia* en tant que corps du Christ. Certes, cette affirmation semble exagérée et contestable sous cette forme ; mais elle attire l'attention sur une relation mystérieuse qui ne peut être pleinement exprimée par la simple identification du pain avec le corps du Christ, ce « corps saint, venu de sa mère Marie », comme dit Luther dans un de ses cantiques.

La demande d'intervention du Saint-Esprit, dont nous allons parler un peu plus loin, correspondrait donc mieux à notre conception de l'essence du Mystère si, au lieu de demander dans cette épiclèse que le Saint-Esprit fasse de ce pain le corps et de ce vin le sang du Christ, on se contentait de prier pour que Dieu nous fasse participer dans ce pain au corps et dans ce vin au sang du Christ. Parce que nous ne pouvons pas exprimer dans notre langue l'ambivalence du mot grec *koinonia*, il nous faudra toujours expliquer que nous ne pouvons avoir part qu'en devenant part nous-mêmes. Des considérations analogues peuvent être faites à propos des paroles adressées aux communiants pendant la distribution de la Cène. La formule en usage dans l'Église luthérienne depuis des siècles : « Prenez, mangez, ceci est le (vrai) corps de notre Seigneur Jésus-Christ... » place avant la bénédiction une affirmation dogmatique que beaucoup d'invités à la table du Seigneur ont de la peine à prendre en compte, et dans laquelle l'adjonction du mot « vrai » entendait sans doute justement écarter de la Cène luthérienne des gens qui n'admettaient pas cette affirmation. Parmi les quatre formules de distribution proposées par les liturgies luthériennes allemandes se trouve aussi ce vœu de bénédiction qui rappelle la formule catholique romaine : « Que le corps du Christ te garde pour la vie éternelle », et c'est ce texte qui correspond le mieux au sens du Mystère, dans la mesure où il permet de voir dans le « corps du Christ » aussi bien la nourriture « sacramentelle » que l'*ekklèsia*, ou encore ces deux réalités indissolublement unies.

Dans sa *Messe allemande* de 1526, Luther a proposé pour les paroles d'institution une expression musicale qui ne correspond pas à celle qui est utilisée pour la proclamation de l'Évangile, mais qui s'accorde avec celle de la Préface, c'est-à-dire de la grande hymne de louange qui précède l'institution. Cette remarque n'est pas sans importance pour comprendre l'ensemble de l'ordre liturgique. En choisissant cette forme musicale, Luther a en effet inséré les paroles d'institution dans la grande prière eucharistique, exactement comme dans l'ordo de la Messe romaine la proposition relative : *qui pridie* indique que ces mêmes paroles d'institution font partie de cette prière. Lorsqu'en revanche les paroles d'institution sont isolées de la Préface, comme le voulaient les anciennes liturgies luthériennes, elles deviennent « la formule » par laquelle les éléments terrestres sont « consacrés » et revêtus d'une dignité qu'ils n'avaient pas auparavant. La récitation des paroles prononcées par le Seigneur lui-même : « Ceci est mon corps » fait alors que ce que ces paroles veulent exprimer devient réalité à ce moment-là. Dès lors, toute épiclèse subséquente devient impossible. Or l'épiclèse, c'est-à-dire la prière qui invoque la descente de l'Esprit Saint, signifie toujours que nous ne disposons pas du Mystère, mais que seul l'Esprit créateur, dont nous implorons la venue, peut faire du vase terrestre, de ce que nous disons et faisons, le lieu et l'intermédiaire du mystère de la présence agissante de Dieu [1]. Si le fait de dire les paroles d'institution suffit pour qu'advienne ce que nous espérons et demandons, nous

1. Il est étonnant que GOETHE s'en soit rendu compte et en ait parlé dans son langage à lui, en disant des sacrements : « Tous ces miracles spirituels ne proviennent pas, comme d'autres fruits, du sol naturel ; ils ne peuvent être ni semés, ni cultivés. Il faut implorer leur venue à partir d'ailleurs, ce qui ne serait pas possible pour chacun, ni à chaque moment » (*Dichtung und Wahrheit*, livre VII).

sommes dispensés de faire cette humble demande qui semble dévaluer les propres paroles du Seigneur. Pour échapper à cette difficulté, on a proposé de dire l'épiclèse avant et non après les paroles d'institution ; mais l'objection demeure, car le déroulement de la liturgie n'est pas le déroulement dramatique d'un événement spirituel, les différents moments de la liturgie se complétant et s'interpénétrant toujours, alors que l'ordre de leur succession est relativement indifférent. L'épiclèse ne peut pas demander que le pain et le vin deviennent ce qu'ils ne sont pas, mais elle peut demander que Dieu veuille les accepter et les utiliser en tant que lieu et intermédiaire de sa présence et de son action parmi nous. L'épiclèse inclut toujours la demande, adressée à Dieu, de nous sanctifier, nous qui participons à cette célébration, et de nous faire participer réellement à son être et à sa vie. Dire que la prière pour le don de l'Esprit ne peut concerner que les personnes et non les « éléments » ne tient pas compte des relations profondes et des cohésions impliquées par l'essence même de l'inexplicable Mystère.

Les historiens n'ont pas complètement élucidé la question de savoir pourquoi l'Église d'Orient a toujours conservé la prière d'épiclèse, alors que l'Église d'Occident l'avait presque totalement abandonnée, pour ne la rétablir que tout récemment. On peut néanmoins supposer que cet abandon est dû au remplacement du Mystère par le *sacramentum*, une prière de ce genre n'étant plus nécessaire quand la validité du sacrement compris et défini juridiquement se trouve *ipso facto* garantie. Si la Réforme du XVIe siècle ne connaît pas l'épiclèse, c'est sans doute parce que cette prière était si totalement absente dans tout l'Occident que la Réforme a aussi peu pris conscience de cette perte que de l'ambiguïté du concept de sacrement. En réintroduisant l'épiclèse dans sa liturgie, l'Église luthérienne a réparé une omission dont elle s'était rendue coupable au XVIe siècle.

Le fait de ne pas comprendre la Cène comme sacrement mais comme mystère entraîne plusieurs autres conséquences qu'il convient d'envisager brièvement.

Il ne suffit pas de dire que, dans cette célébration, le mérite du sacrifice du Christ nous est attribué ; si le Mystère est participation à la vie du Christ, il ne s'agit jamais de la réception passive d'un don, mais toujours d'une participation consciente à ce qui a été fait pour nous. Il n'y a pas de participation sans incorporation. Le Mystère ne se réduit jamais au souvenir de ce qui s'est passé autrefois ; il est un événement actuel ; c'est pourquoi la théologie catholique du Mystère dit que la Messe n'est pas seulement *applicatio*, mais aussi *repraesentatio*. Cela n'est pas sans lien avec cette autre question qui a divisé les esprits depuis la Réforme : La Messe (ou la Cène) peut-elle être appelée un *sacrifice*, et dans quel sens le peut-elle ? Un accord à ce sujet paraît sans doute moins impossible aujourd'hui qu'au XVIe siècle. Certains théologiens catholiques romains contemporains affirment avec insistance que la Messe ne peut être une « répétition » du sacrifice du Christ et qu'elle ne peut ajouter un nouveau sacrifice au sacrifice unique et parfait du Christ. Par ailleurs, il est impossible de bannir de notre vocabulaire le mot « sacrifice », ni d'éliminer de l'action liturgique l'attitude sacrificielle aussi totalement que le fit la polémique engagée par les Réformateurs. Dans l'*Apologie de la Confession d'Augsbourg*, Melanchthon a longuement traité la question du sacrifice dans l'article XIV : *Quid sit sacrificium*. Il a surtout combattu le fait d'isoler le sacrifice au sein de l'ensemble du caractère sacrificiel de la Messe, et il a souligné énergiquement la différence qui existe entre le sacrifice de louange et d'action de grâces (*sacrificium eucharisticum*) et le sacrifice de réconciliation (*sacrificium expiatorium*). Il faut pourtant se demander sérieusement si cette distinction est vraiment justifiée, puisque l'action de grâces qui revient vers Dieu et l'honore (Lc 17, 18. 21) n'est certainement pas sans rapport avec la « réconciliation » de l'homme (2 Co 5, 20), puisqu'elle est elle-même déjà une expression de cette réconciliation.

Ce qui est certain, c'est que l'accent mis unilatéralement sur le pardon des péchés en tant que don reçu dans la Cène a relégué au second plan le caractère « eucharistique » (c'est-à-dire d'action de grâces) de ce repas, ainsi que le caractère joyeux de sa célébration. Et surtout l'usage, apparu au XVIIe siècle, de faire précéder la Cène par une confession des péchés, suivie de l'absolution, a fait naître l'idée curieuse que cette absolution peut nous rendre « dignes » de célébrer correctement ce repas. Ainsi, le caractère paradoxal du Mystère, en vertu duquel ce sont des pécheurs qui sont invités et qui participent à la Cène, est complètement occulté et effacé, exactement comme le malentendu qui fait du *Kyrie eleison* une confession des péchés et du *Gloria* une absolution (cf. la liturgie de 1854 de l'Église luthérienne de Bavière) renie la simultanéité du *Kyrie* et du *Gloria* et par là même le *simul justus et peccator*. Le Mystère est alors dégradé en processus psychologique. Le fait que le sacrement soit aussi un concept de droit canon permet de soumettre l'admission au sacrement à certaines conditions, comme la confession des péchés et l'absolution, alors que le Mystère ne se refuse qu'à ceux qui se considèrent comme justes, et qui s'imaginent ne pas avoir besoin de pardon. Nous avons déjà rappelé que, pour Luther, la propre justice était une forme du Mystère de l'Adversaire.

Résumons-nous : l'habitude prise de comprendre aussi la Cène comme un sacrement dans le sens que le droit canon donne à ce mot, la réduction du Mystère à cet unique sacrement, risque de faire de ce sacrement un acte magique incompris, dont on peut user pour s'édifier intérieurement, certes, mais aussi pour bénéficier d'avantages temporels. Par la même occasion, on oublie que même cette manifestation du Mystère n'est encore qu'une enveloppe qui cache l'essentiel sous la « forme de serviteur » d'un processus physique. Le caractère caché du Mystère ne doit certes pas être considéré comme un secret. Quand l'Église catholique romaine a repris l'usage de l'Église ancienne de faire officier le prêtre face au peuple, beaucoup de gens ont dit : Dès lors que tout ce que fait le prêtre se déroule sous nos yeux et que chaque mouvement des mains, chaque manipulation des objets et des éléments est livré au regard de la communauté, c'en est fait du mystère du sacrement !... Cette objection repose sur un malentendu grave, car le Mystère n'est pas caché dans la mesure où il est soustrait aux regards ; il l'est parce qu'il s'y passe un événement qui, sans être forcément caché à nos regards, n'est pas accessible à notre raison. J'ai le droit de voir ce qui se passe sans que rien ne soit soustrait à mon regard ; mais même ce qui se passe devant mes yeux et qui est dit d'une voix perceptible demeure un mystère jusqu'au jour où tout ce qui est caché sera définitivement révélé. Ce caractère « eschatologique » préserve le caractère caché du Mystère, tout en faisant de la Cène un avant-goût joyeux du banquet céleste auquel nous sommes invités. Il s'agit d'un mystère parce que nous vivons encore dans le siècle présent et parce que nous ne voyons pas encore le Seigneur tel qu'il est.

Le Mystère dans la structure de l'Église

Pour le jargon à la mode, l'Église fait partie des structures autoritaires qui sont fausses par définition et qui doivent être énergiquement combattues. A ces structures autoritaires, on oppose la revendication de démocratiser l'Église. Il s'agit là d'un des nombreux slogans déraisonnables, pour ne pas dire stupides, qui, comme la plupart des slogans en question, tire sa force de son imprécision fondamentale. Si déjà l'existence de « démocraties populaires » prouve l'obscurité et l'ambiguïté de ce concept, il est tout à fait insensé d'appliquer à l'Église ce même concept qui a toujours une connotation politique et de soumettre l'Église à une norme qui lui est étrangère et à une loi incompatible avec son essence même. Reconnaître prudemment qu'aucune démocratie ne peut exister tout à fait sans autorité ne rend pas ce slogan plus acceptable.

Seul le concept de « hiérarchie » s'offre à qui cherche une formule traditionnelle pour décrire la « structure » de l'Église. A une époque où le règne du slogan a supplanté celui de la réflexion, la mode exige que l'on voie dans la « hiérarchie » la quintessence du pervers et du détestable, et que l'on en fasse un épouvantail pour faire fuir les enfants et les empêcher de réfléchir. C'est là une méthode très en vogue : on sort (et c'est toujours facile) des chambres de torture de l'histoire des images déformées et des caricatures ; on décrète qu'elles constituent l'essentiel d'un événement et on en tire argument pour blâmer et condamner l'événement lui-même...

Quelle idée l'homme de la rue, s'il est non spécialiste mais cultivé, se fait-il donc de la « hiérarchie » ? Il s'imagine un cortège resplendissant de « princes de l'Église », qui revendiquent pour eux seuls la dignité et le pouvoir dans l'Église, qui écrasent toute velléité de pensée et de responsabilité autonomes et qui exigent que l'on obéisse inconditionnellement à leur « autorité », chose que nos contemporains sont de toute façon décidés à refuser. Quand les titulaires de ces hautes et très hautes charges ecclésiastiques sont de surcroît détenteurs d'un pouvoir politique et qu'ils ont la possibilité et la volonté d'obtenir par la contrainte ce qu'ils exigent, il devient clair que la hiérarchie est une réalité tout à fait condamnable, qui met l'Église en contradiction non seulement avec les exigences démocratiques de notre temps, mais encore avec elle-même. Même les défenseurs les plus décidés de la hiérarchie n'essayeront pas de nier qu'il a existé et qu'il existe encore une hiérarchie dans ce sens péjoratif ; mais c'est une caricature et une dégénérescence de la hiérarchie authentique. Le mot de « hiérarchie » ne veut, en effet, rien dire d'autre que la réglementation du droit et du pouvoir dans le domaine du « sacré ».

Fondamentalement, la hiérarchie n'est donc pas autre chose que la « structure » qui convient dans le domaine de l'*ekklèsia*. Par essence, cette structure ou cet ordre qu'est la hiérarchie est cruciforme : elle consiste en une interpénétration et en une simultanéité constantes entre la dimension verticale et la dimension horizontale. En d'autres termes, elle est le lien permanent entre l'autorité et la fraternité. De même que le paradoxe fait partie des formes logiques du Mystère, de même cette union de l'autorité et de la fraternité – je pourrais aussi dire : de la responsabilité personnelle et du service mutuel – fait partie une fois pour toutes du Mystère dans l'*ekklèsia*, et toute structure de l'Église, à tous les niveaux, doit être jugée d'après la manière dont elle respecte cet ordre cruciforme. La polarité du ministère et de la communauté est une des formes de cette relation nécessaire entre l'autorité et le service mutuel. Mon exposé gagnera sans doute en clarté si je commence par développer cette idée fondamentale en partant du mystère de la communion authentique.

Communio

Mieux que le mot grec *koinonia*, le mot latin *communio* exprime la ligne horizontale que constituent, dans le dessin cruciforme de la hiérarchie, la fraternité et l'engagement en vue du service mutuel. Ce mot désigne, en effet, une communion qui a sa source dans la référence commune à un *munus*, à une « charge » (la plupart du temps publique).

Depuis W. Elert, on admet généralement que, dans l'expression *communio sanctorum* du Symbole des Apôtres, le génitif n'est pas celui de *sancti*, mais celui de *sancta*. *Communio* signifie donc d'abord la communion au *sacré* et ensuite seulement la communion des *saints*. Nous pouvons dire en d'autres termes que ce type de communion a sa source dans notre commune participation au Mystère. Notre appartenance commune à l'Église n'est donc pas fondée sur des intérêts communs appartenant à notre existence terrestre, et elle ne peut pas davantage être comprise par analogie avec nos autres relations sociales. Cette *communio* est par nature différente des rapports de voisinage, d'amitié, de camaraderie, d'amour sexuel et de mariage. Elle ne résulte pas non plus d'intérêts publics partagés, mais elle a son unique racine dans le miracle de la rencontre avec le Dieu vivant et vrai. Et, de même que toute communion ne peut être maintenue et renouvelée qu'à partir de ses forces fondatrices et unificatrices, de même aucune « communauté » ne peut exister sans l'assemblée cultuelle, où elle entend la Parole de Dieu, où elle prie en commun, où elle tisse des liens à la table du Seigneur. C'est là qu'elle demande et qu'elle obtient toujours à nouveau d'avoir part au mystère de la présence « gracieuse » de Dieu. Aucun zèle superficiel, aucun activisme paroissial ne peuvent faire en sorte que la communauté demeure le lieu du Mystère, dès lors que cette communauté méprise et abandonne elle-même son authentique point d'enracinement.

À cause de tout cela, l'*ekklèsia* vit forcément dans une certaine tension avec tous les groupements humains naturels dont nous pouvons faire partie. L'Église, dont l'existence doit, face au monde, témoigner du grand mystère de Dieu, ne peut donc pas s'identifier à une quelconque communauté terrestre et elle ne peut tenir sa légitimité et sa mission d'une quelconque instance terrestre. En son temps, Luther a largement fondé l'Église sur l'ordre naturel du foyer et de la famille, et sur le cercle plus vaste de la communauté formée par les sujets d'un pays donné. Nous n'avons à examiner ici ni le droit (relatif et historique), ni les conséquences effectives de ces relations établies par le Réformateur ; nous pouvons seulement constater que les ordres sociaux naturels, auxquels il s'est référé, sont aujourd'hui beaucoup moins solides. Il est indispensable et salutaire de reconnaître que l'Église a presque entièrement perdu cette base sociologique, ce qui l'a renvoyée à son seul vrai fondement. Rien n'est donc aujourd'hui plus stupide que de prétendre fonder l'Église sur ses « fonctions sociologiques ». De tous les slogans stupides en vogue aujourd'hui, celui de *umfunktionieren* (« faire changer de fonctions », recycler) est le plus affreux. Ce mot savant veut sans doute cacher les intentions véritables de ceux qui l'emploient. Il s'agit de fausser une réalité que l'on ne comprend pas (ou de la fausser parce qu'on ne la comprend que trop bien, mais qu'on la rejette) et de la faire servir à un but qui lui est étranger. « Recycler » l'Église, pour satisfaire certaines ambitions et certains besoins de la société et remplacer des études théologiques sérieuses par un grand intérêt pour la sociologie signifient donc détruire l'Église dans son essence propre. Je crains qu'on ne puisse même pas dire ici : « Ils ne savent pas ce qu'ils font », car ceux qui veulent recycler l'Église dans ce sens-là savent, hélas, très exactement ce qu'ils veulent et ce qu'ils font.

Alors que l'appel de Dieu et le contact avec le Mystère passent à travers ces communautés naturelles que sont les peuples et les familles, et qu'ils séparent tragiquement des gens extérieurement solidaires (Mt 10, 34 s.), le Mystère peut inversement réunir et lier entre eux des gens douloureusement séparés dans le domaine terrestre. C'est pourquoi, la *communio* authentique dans laquelle elle vit engagera toujours l'Église à lutter pour que des gens séparés sur le plan culturel et juridique, des gens qui ne connaissent entre eux ni *connubium* ni *commercium*, mais qui appartiennent pourtant pleinement à la *communio sanctorum,* puissent prier ensemble, intercéder les uns pour les autres et se rencontrer en tant que frères et sœurs à la table où le Seigneur les invite. Si l'Église veut vraiment vivre du Mystère, elle ne peut se dérober à cette tâche, ni face aux oppositions raciales en Amérique ni face à l'*apartheid* en Afrique du Sud.

En commençant le chapitre sur le Mystère dans l'Église par des considérations sur le Mystère dans la vie chrétienne individuelle, nous avons voulu souligner une caractéristique importante de la *communio*. Contrairement à tout illuminisme communautaire et contrairement à la tendance qui voudrait sacrifier toute forme de vie personnelle sur l'autel de l'ordre « social », la vraie *communio* ne supprime et même ne dévalorise pas l'individu. Au contraire ! Il existe une solitude dernière de l'homme devant Dieu, où personne ne peut se mettre à la place de l'autre, où nul conseil, nul exemple, nulle autorité ne peuvent décharger l'individu de se poser la question toute personnelle de la volonté de Dieu à son égard et du salut de sa propre âme. Cette solitude fait, elle aussi, partie du Mystère au sein duquel se joue la rencontre de l'homme avec Dieu. Nul ne peut avoir part à ce mystère si Dieu ne l'a « pris à part » et si, au lieu de tenir bon au sein de cette solitude devant Dieu, il n'a d'autre idée en tête que de se réfugier dans une « existence collective » facile. Dans la lutte qu'il a menée contre l'apparente sécurité que l'Église offre en tant qu'institution de salut, Luther n'a pas cessé de parler de la solitude ultime dans laquelle Dieu pousse ses enfants et qui est pour ainsi dire une angoissante anticipation de la solitude que chacun connaîtra à l'heure de la mort. Luther pouvait et devait parler de cette solitude parce qu'il avait dû lui-même en traverser les affres. Pourtant, élever cette expérience au rang de principe, en faire le principe de l'individualisme religieux, le principe de l'individu uniquement responsable devant lui-même, signifie que l'on ignore tout du Mystère qui veut se manifester dans cette *communio*. En effet, ce Mystère institue une communion très réelle au sein de laquelle chacun vit avec l'autre et pour l'autre. Il y a ici authentique substitution. Le Christ, grand prêtre, « s'est sanctifié pour les siens » (Jn 17, 19). De même, dans son Église, la sanctification n'est pas recherche d'une perfection individuelle ; elle est service concret rendu aux frères ; et inversement toute défaillance, toute faute individuelles blessent et troublent en même temps la vie commune. C'est pourquoi, à côté de la confession personnelle des péchés de chaque chrétien, il existe une confession des péchés communautaire, dans laquelle les membres de la communauté avouent leurs fautes ensemble et devant les autres, prient les uns pour les autres et reçoivent l'assurance consolante que leur situation de pécheurs ne les empêche pas d'être membres de la « sainte Église ». « C'est dans cette chrétienté que Dieu me pardonne tous les jours abondamment tous mes péchés », dit Luther dans son explication du 3e article de la foi et il lie ainsi le pardon des péchés à l'appartenance au corps du Christ. La participation à la sainte Cène signifie tout particulièrement cette incorporation au corps du Christ et apporte par conséquent à la conscience inquiète cette consolation décisive : « C'est que, dans ce sacrement, le pardon des péchés est accordé. » Ce mystère disparaît donc vraiment quand la tradition fait précéder la sainte Cène par une confession et une absolution et favorise ainsi l'idée que cette absolution préalable nous rendrait « dignes » de recevoir la sainte Cène. Nous avons là un des nombreux cas typiques où le rationalisme et le moralisme déchirent la mystérieuse simultanéité de la grâce et de la détresse du pécheur, en prétendant comprendre intellectuellement une réalité qui demeure essentiellement un mystère que l'on doit accepter sans pouvoir le comprendre.

C'est pour la même raison que l'exercice de la discipline fraternelle est une des formes nécessaires de la vie de l'Église. Se mettre mutuellement en garde, se convaincre mutuellement de péché, s'exhorter et s'entraider les uns les autres – voilà un vrai mouvement de vie dans lequel le Saint-Esprit agit au sein de l'humanité pécheresse. En effet, ce qui distingue la discipline fraternelle (quand elle est vraiment exercée !) de l'appel moral et du code d'éthique spirituel comme des prescriptions textuelles de la discipline ecclésiastique, c'est que l'homme, avec son péché et sa culpabilité, est entraîné dans un événement réel, à savoir la *communio* du corps du Christ, qui est irrigué et maintenu en vie par le sang du Christ.

Cette vie commune mystérieuse veut pourtant se réaliser avant tout dans la mise en œuvre de l'amour fraternel. Confronté à la vénération des saints, pratiquée dans l'Église, Luther a « fait descendre les saints du ciel sur la terre » ; il a rappelé que, d'après le Nouveau Testament, nous ne sommes pas obligés de demander à ces saints de se préoccuper de nos besoins, mais qu'au contraire nous sommes appelés à nous préoccuper des « besoins des saints » (Rm 12,13), c'est-à-dire de nos frères et sœurs sur la terre. Dans ses écrits sur la Cène comme dans son traité *De la liberté du chrétien*, Luther n'a pas seulement parlé avec le plus grand sérieux de cette obligation, mais il l'a expressément rattachée à l'expérience de l'amour de Dieu manifesté en Christ (« Que nous devenions chacun un Christ pour l'autre »). Il décrit ainsi l'amour fraternel comme un effet du Mystère dont nous vivons nous-mêmes, et il le distingue nettement de son abâtardissement en philanthropie et en solidarité vagues. Si l'Église est bien le lieu où le Mystère de Dieu veut prendre forme concrète au milieu de nous, elle est en même temps le lieu où nous nous faisons mutuellement du bien et où nous nous témoignons de l'amour les uns aux autres, non point parce que l'autre est digne de cet amour, ou parce que la sympathie naturelle nous y pousse, mais simplement parce que l'autre est notre frère à qui nous devons ce que nous avons vécu nous-mêmes. Le Nouveau Testament ne nous permet pas de séparer l'une de l'autre la *leitourgia* (service divin) et la *diakonia* (service du prochain). Cette vérité a été tellement soulignée qu'il n'est pas nécessaire de la répéter. Mais il n'est peut-être pas inutile d'ajouter que nous ne devons pas seulement porter les fardeaux de nos frères ; nous devons aussi nous réjouir du frère qui est à nos côtés et, avec lui, remercier Dieu de toute l'aide matérielle et spirituelle que Dieu lui a apportée. Cette manière d'aimer requiert sans nul doute une mesure particulière de renoncement à nous-mêmes, et il est souvent plus facile de pleurer avec ceux qui pleurent que de se réjouir avec ceux qui sont joyeux. Il est bon de méditer souvent les paroles d'action de grâces par lesquelles Paul commence ses épîtres, et nous devons pratiquer cette forme d'amour fraternel qui ne consiste pas seulement à prier pour les autres, mais aussi à remercier Dieu avec eux et pour eux, selon l'exemple de l'apôtre : « Je rends grâces à Dieu toutes les fois que je me souviens de vous » (Ph 1,3).

Aucune communauté ne peut subsister si elle ne tient éveillée la volonté d'aimer fraternellement jusque par ses règlements ecclésiastiques. Cet ordre de l'amour qui fait, comme la Parole et les sacrements, partie des *notae ecclesiae* (signes distinctifs de l'Église), a toujours un double aspect. L'amour dont nous nous sommes mutuellement redevables s'exprime dans l'intercession. A côté de la célébration de la Cène, l'intercession est la forme liturgique de la *communio*. Elle fait partie intégrante du service divin qui permet à l'Église de se renouveler à partir du Mystère. La communauté se souvient de ses membres nécessiteux et malades, souffrants et tentés ; elle se souvient des persécutés et des prisonniers ; elle ne peut pas s'ériger en juge qui pense que seuls les prisonniers « innocents » sont dignes de son intercession (qui, en effet, pourrait être innocent devant l'ultime instance qui seule compte dans le culte ?). – Il faudrait que la prière soit un rite dénué de sens, il faudrait oublier qu'elle établit un lien véritable avec Dieu et qu'elle participe donc (selon la profonde formulation de Blumhardt) au « gouvernement du monde par Dieu », pour nier ou oublier que l'intercession liturgique est une forme authentique de la *communio* au sein de laquelle nous sommes unis les uns aux autres. Il est vrai que l'utilisation d'une « prière universelle » conçue en termes trop généraux peut rendre difficile la participation à l'intercession comme à un acte réel d'amour. Il faut donc saluer tout ce qui introduit dans les prières d'intercession la référence à des problèmes concrets et qui touchent l'assemblée, ainsi que tout ce qui permet aux participants de proposer et même parfois d'articuler spontanément des sujets d'intercession. La prière de type « diaconal », qui intercale un répons des fidèles après chaque demande, offre, elle aussi, une bonne occasion d'associer l'assemblée à certaines intentions particulières.

Mais l'intercession ne doit en aucun cas remplacer l'action (Jc 2, 15). C'est pourquoi le règlement de vie de l'Église place toujours la diaconie à côté de l'intercession. La mission diaconale a été tellement mise en relief de nos jours qu'on est tenté de retourner l'affirmation célèbre de Wichern au Kirchentag de Wittenberg en 1848 et de rappeler à la communauté que l'amour ne doit pas lui faire négliger la foi ! C'est, en effet, parce que nous risquons de dissoudre la foi, en un simple service du monde qu'il convient de rappeler ici deux choses que l'on oublie trop facilement. Même si les offrandes recueillies au cours du culte ne représentent qu'une part infime des sommes que l'Église investit pour ses œuvres diaconales, le fait qu'un don d'amour soit recueilli au cours de l'office (et pas seulement à la porte de l'église, comme une sorte de « taxe de sortie ») ne doit pas être déploré comme troublant le recueillement, mais rappeler clairement que l'amour en action est une partie indispensable du service divin, comme certaines ordonnances ecclésiastiques du temps de la Réforme l'ont d'ailleurs souligné.

Il faut cependant rappeler ici tout aussi sérieusement une autre chose qui est encore plus importante. Le fait que la lutte contre la misère et contre des situations de détresse est devenue une affaire publique plutôt que privée risque de nous faire penser que l'aide sociale et les « œuvres » de l'Église nous dispensent du devoir de pratiquer personnellement l'amabilité, le respect et la disponibilité dans les rapports humains individuels. C'est, en effet, précisément sur ce plan personnel que l'amour demeure en relation avec le mystère de la *charis* divine. Faire du bien à un autre représente plus que d'exercer la bienfaisance, et rien ne nous dispense de ce « faire du bien », tout simplement humain. Il est indéniable que l'attirance exercée par certaines petites communautés chrétiennes et même par certaines « sectes » repose en grande partie sur la proximité et sur la chaleur humaines qui font souvent défaut dans nos paroisses multitudinistes. Nous devons avoir assez de fantaisie et d'imagination pour trouver les voies et les moyens de vivre dans nos paroisses cette proximité et cette aide humaine, toutes simples, bref pour mettre en œuvre ce qu'aucune statistique des dons reçus par une paroisse ou par une Église ne peut indiquer, à savoir la chaleur du cœur, c'est-à-dire ce qui fait tout simplement du bien précisément parce que ce n'est pas de la « bienfaisance ». Le bon Samaritain n'a pas fait appel à une œuvre diaconale, il n'a pas non plus versé une cotisation à une association, mais il est intervenu en sacrifiant son temps et son argent et il s'est manifesté ainsi comme étant le « prochain » de l'homme dépouillé par les brigands.

Cet amour actif a toujours quelque chose de fou, d'insensé et d'inefficace pour toute raison et toute intelligence humaines. Toute question relative à l'utilité et à l'efficacité est ici manifestement déplacée. Il subsiste toujours quelque chose de cette folie divine du gaspillage, que le Seigneur lui-même a défendue contre la sagesse très humaine de ses disciples (Mt 26,10.13). Mais c'est justement par là que l'amour chrétien manifeste son lien avec le Mystère. Il montre qu'il participe à ce qui se passe au-delà de toute utilité calculable et de toute efficacité. Ce n'est pas l'utilité escomptée, mais l'amour qui ne calcule pas, qui constitue la norme de la mission assignée à la communauté, et il faudrait que l'on puisse découvrir une trace de la folie de l'amour divin jusque dans la charité exercée par l'Église si, en tant que *communio*, elle tient encore à considérer le Mystère comme sa patrie.

Tout ce que nous venons de dire au sujet de la *communio* doit être complété par une remarque qui met en évidence la relation de cette *communio* avec le Mystère, par-delà toutes les considérations raisonnables. C'est à juste titre que la *Confession d'Augsbourg* n'a pas seulement émis un jugement polémique, mais aussi une appréciation très positive à propos de la « commémoration des saints », c'est-à-dire des croyants du passé (art. XXI). Pour échapper au danger d'envisager cette « commémoration des saints » uniquement sous l'angle moral et édifiant, et de la réduire à la contemplation de modèles et d'exemples de la foi ou de la grâce, il faut garder présent à l'esprit le fait qu'un mystère est à l'œuvre dans l'*ekklèsia*, une solidarité mystérieuse où chaque membre se substitue vraiment à l'autre et supplée par son service à la force vitale qui manque à cet autre – comme cela se passe entre les membres d'un corps. Cette solidarité n'est pas limitée par les frontières de l'espace et du temps ; la mort physique, qui coupe toute communication, ne déchire pas la solidarité qui existe entre les membres du corps du Christ. Les bienheureux parvenus à la perfection, les grands Docteurs et les martyrs de l'Église, font, comme les hommes et les femmes qui ont vécu dans la foi en Christ et qui sont morts dans la paix en mettant leur confiance dans sa victoire, inéluctablement partie de l'*ekklèsia*. Chaque fois que la communauté se rassemble pour prier et pour célébrer la Cène, le plafond du lieu de réunion terrestre est en quelque sorte enlevé et les croyants rassemblés sur la terre sont reliés aux lieux très hauts où ce que nous croyons et espérons ici-bas est contemplé et vécu. Cette solidarité, qui brise toutes les limites du visible et du temporel, nous permet de pressentir la grandeur du Mystère dans lequel l'Église vit et auquel nous, ses membres, nous avons part. C'est là l'intuition juste contenue dans la doctrine (si suspecte à nos yeux de protestants) du « mérite des saints » et du trésor de leurs bonnes œuvres dont l'Église prétend disposer. Deux attitudes fondamentalement différentes sont ici possibles. On peut surmonter cette forme de piété populaire catholique comme l'expression contestable d'un pouvoir ecclésiastique autoritaire, comme une forme de domination cléricale qui dispose de forces spirituelles quantifiables, semblables à un trésor déposé sur un compte d'épargne céleste. Mais le mépris pour cette fausse vénération des saints peut aussi nous conduire à mépriser notre propre « citoyenneté » avec les saints, notre communion avec eux devant le trône de Dieu. « Vous n'êtes plus des étrangers et des gens de passage, mais vous êtes concitoyens des saints » (Ep 2, 19). Cette parole, prise au sérieux, ne nous autorise pas à utiliser à l'occasion, des formulaires liturgiques redondants, mais elle nous fait un devoir de retrouver dans notre Église une manière adéquate de « commémorer les saints ». Le calendrier protestant des noms, que nous possédons depuis quelques années dans notre pays, est susceptible de faire comprendre au plus jeune et au plus simple des chrétiens dans quel vaste espace sa citoyenneté se situe et quelle grande « nuée de témoins » l'entoure. Nous ne nous sentons ni le besoin ni le droit de demander l'intercession de ces « saints » pour appuyer nos prières ; mais le mot latin *intercedere* ne veut au fond rien dire d'autre sinon que tous ces personnages sont présents dans l'espace qui s'étend entre Dieu et nous. Ils sont entre Dieu et nous, non pour séparer mais pour unir, et connaître quelque peu ces personnages, présents selon la volonté de Dieu pour être nos pères, nos frères et nos sœurs, est une grande consolation et un secours puissant. Certes, tout cela ne peut être présenté, expliqué ou démontré d'aucune manière. C'est un mystère authentique qui dépasse tout ce que nous pouvons constater historiquement ou comprendre psychologiquement. Mais c'est dans cette *communio* qui embrasse tous les siècles que se réalise pleinement l'*oikonomia* du mystère divin.

Nous avons intitulé ce chapitre : *Le Mystère dans l'Église*, et nous avons exclu ainsi toute tentative d'identifier l'Église avec le mystère de Dieu lui-même. L'Église est cependant le lieu où le mystère de la présence et de l'action de Dieu dans ce monde veut se montrer efficace. Ce mystère s'est lié et continuera à se lier aux formes historiques concrètes que prend cette Église très terrestre, très humaine, à notre parole humaine, à nos célébrations souvent problématiques et si peu vivantes. La parole et l'action de l'Église demeurent une parole et une action humaines qui se présentent dans des formes historiquement conditionnées et limitées. Le « pouvoir de consécration » qu'elle confie à ses ministres ne transforme pas l'Église en une réalité qu'elle n'est pas et qu'elle ne peut pas être en tant qu'institution humaine et historique. Mais il ne nous est pas non plus permis de faire abstraction de cette Église visible et souvent problématique et de réserver le caractère de Mystère à la seule Église invisible, qui n'est qu'une idée et un idéal, et non une réalité. La notion d'Église invisible est une excuse commode pour tous ceux qui tiennent l'Église-institution pour purement utilitaire et qui se consolent en disant que, de toute évidence, elle n'a guère de rapport avec le Mystère. C'est contre cette attitude que Luther s'est insurgé en affirmant que l'Église est à la fois visible et invisible, qu'elle est une Église visible dans laquelle son être véritable demeure toujours caché.

Nous ne saurions mieux exprimer ce double caractère qu'en reprenant la formule souvent citée selon laquelle le Mystère est bien présent *dans* et *avec* l'Église historique en tant qu'institution, mais qu'il est en même temps caché *sous* elle. Cela est surtout vrai parce que l'Église ne doit jamais être identifiée avec le Royaume de Dieu que le Christ a proclamé et parce que la Nouvelle Alliance, fondée sur le sacrifice sanglant du Christ, n'est pas encore accomplie. Ses signes (Jr 31,31 s.) ne sont pas encore accomplis, ils sont promis. Les hommes réunis et unis dans l'*ekklèsia* constituent un *corpus mixtum*, une assemblée corporative au sein de laquelle des bons et des méchants, des gens pieux et des impies, des saints et des gens qui ne le sont pas, se trouvent mélangés de telle façon qu'il est impossible de dissoudre ce mélange et de créer une communauté de « saints ». L'Église n'est pas une cité où ne peuvent entrer que ceux qui sont « inscrits dans le livre de vie de l'Agneau » (Ap 21,27). C'est pourquoi, même dans l'Église, le Mystère est *tectum sub contrario*, caché sous le contraire de l'être véritable de l'Église.

Le ministère

Ce titre sert d'abord à nous rappeler très provisoirement que, dans l'ordre cruciforme de l'Église, la ligne horizontale, c'est-à-dire la *communio* de ceux qui vivent les uns à côté des autres et les uns avec les autres, est accompagnée d'une ligne verticale, qui ne lui est pas identique et qui ne peut pas être dérivée d'elle, mais qui forme justement une croix avec elle. Ici aussi, nous sommes embarrassés quand nous cherchons un terme adéquat pour désigner cette ligne. Mais comme ce livre ne veut imposer aucune conceptualité bien définie, ni aucun vocabulaire bien précis, et qu'il cherche uniquement à bien reconnaître la réalité que nous avons en vue, nous avouons sincèrement l'embarras où nous nous trouvons pour désigner par un terme adéquat cette ligne verticale dans la hiérarchie de l'Église. Le mot *diakonia*, par lequel le Nouveau Testament désigne le ministère, signifie « service » et l'image sous-jacente à ce mot est celle de celui qui sert à table (Lc 10, 40 ; 22, 27). Mais la hiérarchie sociale fondée sur cette relation est consciemment inversée dans le message de Jésus ; parmi les disciples du Christ, celui qui a autorité ne doit pas exercer de pouvoir sur les autres ; seul celui qui est prêt au service le plus désintéressé doit être considéré comme le plus élevé. Dans le Nouveau Testament se manifeste pourtant déjà la tendance à faire de ce service un ministère. Mais l'inverse est également vrai : le ministère est compris comme un service rendu à la vie du corps du Christ. Cette constatation s'applique aussi bien au mot qui désigne la personne qu'à celui qui désigne la chose, aussi bien à *diakonos* qu'à *diakonia*.

Il faut approfondir ces considérations pour éviter des malentendus. Les récits des évangiles ne laissent subsister aucun doute sur le fait que, dès le début, la communauté des disciples de Jésus-Christ a été ordonnée en cercles concentriques. Les auditeurs et les partisans de Jésus formaient le cercle le plus vaste, qui n'avait pas de limites précises, et à l'intérieur de ce cercle il y avait celui des soixante-dix (Mc 10, 17). Mais Jésus a seulement appelé douze disciples à le suivre et il les a envoyés et accrédités d'une manière tout à fait spécifique. A l'intérieur du cercle des douze, Jésus a voulu avoir à ses côtés, en certaines occasions (sur le mont de la Transfiguration et au jardin des Oliviers), trois disciples dont il a fait les témoins d'événements extraordinaires. Aucun texte ne nous dit que d'autres disciples se soient plaints de ce comportement peu démocratique. Par ailleurs, la défense faite aux disciples de se laisser nommer rabbi ou père (Mt 23, 8-10) n'a pas été comprise par eux comme une interdiction de parler de docteurs au sein de la communauté ou de reconnaître l'engendrement spirituel comme une authentique paternité conférant une autorité (1 Co 4, 15). Le fait que Paul exhorte les chrétiens de Thessalonique (1 Th 5, 12) à reconnaître le service d'hommes qui « travaillent » en leur faveur et qui président leur communauté et le fait que, plus tard, l'auteur de l'épître aux Hébreux (13, 7-17) exhorte ses lecteurs à se souvenir des docteurs qui leur ont transmis la Parole et à leur obéir ne représentent certainement pas le reniement d'une égalité originelle de tous les chrétiens, dont serait responsable le « catholicisme primitif ». Un « ministère » de proclamation, d'enseignement et de direction de la communauté fait, dès le début, partie de la structure de l'Église. Si ce ministère originel et indispensable à la vie de l'Église est souvent désigné comme dispensation *(oikonomia)* des mystères de Dieu, on peut tout naturellement présupposer que les titulaires de ce ministère participent eux-mêmes au mystère en question et qu'ils exercent ce ministère *en mystèrio*, c'est-à-dire comme vivant eux-mêmes dans ce mystère et comme se contentant de transmettre ce qu'ils ont reçu. Sur ce plan on ne peut pas établir de distinction rigoureuse entre ceux qui exercent leur ministère en vertu d'un charisme, c'est-à-dire parce qu'ils ont reçu des dons spirituels particuliers, et ceux à qui un tel ministère a été confié en vertu d'une discipline ecclésiastique déjà en vigueur ou encore en voie de formation ; la vocation adressée par la communauté signifie en effet originellement la reconnaissance d'un appel de l'Esprit Saint, que l'on croyait discerner chez ces hommes, et cette vocation était accompagnée par la prière et l'espérance que Dieu donne à ces hommes l'autorité spirituelle nécessaire (1 Tm 4, 14 ; 2 Tm 1, 6).

Personne n'a jamais contesté la position unique et incomparable du Christ comme unique « médiateur » entre Dieu et les hommes, et c'est cette position de médiateur qui représente le contenu essentiel du Mystère qui a pris forme en Christ. Mais jamais personne n'a pu contester non plus le fait que ce Mystère était communiqué et transmis par une médiation humaine à ceux à qui il était destiné. Au plan du vocabulaire il convient de bien distinguer le médiateur, *mesitès*, de l'intermédiaire ou économe, *oikonomos*. Dans ce sens la *Confession d'Augsbourg* a raison de dire (art. V) – en accord avec la foi et la pratique de l'Église ancienne – que le « ministère » a été institué pour que nous parvenions à la foi qui seule sauve. Encore faut-il noter que, dans la suite du texte, il serait plus juste d'appeler la Parole et le Sacrement des « moyens » *(media)* plutôt que des « instruments » *(instrumenta)*, car ces organes de médiation ne sont pas seulement des outils neutres mais des organes profondément engagés. Le mot « moyen » employé par le texte allemand de la *Confession d'Augsbourg* ne tient pas compte de cette distinction et ce flou dans l'expression fait supposer que la relation entre le ministère et le Mystère avait déjà échappé aux auteurs de la *Confession d'Augsbourg.*

Le vis-à-vis du « ministère » et de la « communauté » est donc constitutif de la structure de l'Église. Il se justifie par le fait que le détenteur du ministère est appelé et autorisé à transmettre et à communiquer les mystères en tant qu'*oikonomos*, économe. Le ministère possède une « autorité » dans la mesure où il est et veut être l'organe et donc l'auteur *(auctoritas)* de cette transmission de vie.

En affirmant cela, nous disons également combien inquiétante et dangereuse pour l'Église est la transformation que ce vis-à-vis du ministère et de la communauté a subie dès lors qu'il a été transposé sur un autre plan. L'ancienne Église a déjà vu naître une tendance à comprendre le ministère à partir de l'idéal et des règles du monachisme et cette évolution a conduit, au terme d'une lutte multiséculaire, à considérer le célibat comme obligatoire pour les détenteurs du ministère. Cette évolution est attestée dans le domaine linguistique par le changement de sens du mot « spirituel », alors que, dans la langue du Nouveau Testament, tous les chrétiens peuvent être appelés « des hommes spirituels », parce qu'ils vivent sous la direction de l'Esprit dont ils doivent témoigner dans leur vie de tous les jours (Ga 6, 1 et *passim*), le mot *pneumatikoi* devient par la suite un titre honorifique, réservé à ceux qui renoncent aux rapports sexuels. Dès lors, le vis-à-vis mentionné plus haut est transposé dans un domaine qui n'a plus rien à voir avec le Mystère.

Lorsqu'au Moyen Age les dignitaires ecclésiastiques furent promus, en Allemagne au moins, au rang de « princes de l'Empire » et chargés d'une fonction politique bien plus importante que leur ministère sacerdotal, le vis-à-vis en question a été encore davantage faussé, puisqu'on a assimilé la dispensation des mystères au rapport autorités-« sujets ». Tout cela est bien connu. En revanche, beaucoup de protestants sont moins bien informés de l'évolution problématique que ce vis-à-vis a subi au temps de la Réforme. Alors qu'au Moyen Age les couvents avaient été pendant de nombreux siècles les lieux d'une culture savante, l'humanisme a fait de la connaissance des langues anciennes une condition *sine qua non* pour l'admission au ministère ecclésiastique, ce qui a conduit à l'intégration des ministres dans la caste des « milieux à formation académique », avec tous les droits et toutes les exigences propres à cette partie de la bourgeoisie. Être pasteur devint alors une profession parmi d'autres. Il suffisait, pour y accéder, de faire preuve de certaines facultés intellectuelles, ce qui, bien entendu, n'excluait pas des exigences financières (analogues à celles de certaines catégories de fonctionnaires), en particulier le droit à être soutenu matériellement toute la vie. Le titulaire du ministère est désormais un théologien patenté, spécialiste et expert en matière de religion chrétienne ; pour employer une image, le jubé médiéval, qui séparait le clergé du peuple, est ici avantageusement remplacé par les études de théologie. N'importe quel membre d'une commission d'examen théologique ou de gouvernement d'Église sait combien il est difficile de refuser le ministère ecclésiastique à un candidat qui a réussi ses examens, même s'il semble peu apte à cette tâche. Le mot « Mystère » est devenu tellement étranger au vocabulaire ecclésiastique que le seul fait de demander à quel moment le futur ministre s'est considéré lui-même ou a été considéré comme un dispensateur des mystères de Dieu prête presque à rire. Et je ne médis certainement pas en prétendant que cette importante question ne figure nulle part dans les programmes des facultés de théologie.

Si je ne me trompe – et pour m'en tenir à l'Allemagne –, c'est le synode général de l'Église évangélique luthérienne unie (VELKD), réuni à Augsbourg en 1969, qui a évoqué pour la première fois la nécessité où l'on pourrait se trouver d'appeler au ministère des personnes ayant exercé ou exerçant d'autres professions, et cela pour compenser la diminution du nombre des vocations ou l'abandon de certains étudiants en cours d'études. Personne ne méconnaîtra les difficultés techniques et les risques que comporte une telle évolution, mais il est salutaire d'en envisager l'hypothèse ; elle pourrait en effet entraîner une réflexion très nécessaire sur l'essence même du ministère. Où donc est-il écrit que la dispensation des mystères de Dieu est obligatoirement une profession civile qui donne droit à une rétribution à vie ? Il me semble qu'on ne peut pas tout à la fois louer Paul de gagner son pain en fabriquant des tentes, et se battre pour que le ministère pastoral demeure à jamais une profession civile.

Mais il faut parler encore plus clairement de ce vis-à-vis du ministère et de la communauté. En effet, le ministère ne tient son autorité que du Mystère au service duquel il se trouve. Cela signifie que le ministère est indépendant par rapport à deux réalités qui menacent sans cesse son autonomie. Il est indépendant par rapport à la communauté concrète au sein de laquelle il doit s'exercer. A partir du moment où le ministère est compris comme une mission que le pasteur a reçue de sa paroisse (ou que l'évêque a reçue de son diocèse), il est faussé dans son essence même. Il est obligé de se soumettre à des besoins et à des exigences humaines, à des opinions problématiques et même parfois erronées. Des conceptions de ce genre révèlent la puissante tendance que nous avons à lier le Mystère, dont nul ne peut disposer, à la satisfaction de besoins humains et au pathos solennel dont nous habillons des vérités de La Palice. Le ministère ecclésiastique tient toujours sa vocation et son autorité de l'Église tout entière et, en dernière instance, de la mission apostolique de l'Église de Jésus Christ. Le ministre est, certes, envoyé à tel groupe humain concret, situé à l'intérieur de l'Église ; il est envoyé à telle paroisse ; mais il n'est jamais envoyé *par* cette communauté dont il n'est en aucun cas le mandataire. L'autorité du ministère est, par ailleurs, indépendante de la *dignité* personnelle des ministres. Cette autorité ne découle ni de la considération ni de la confiance dont ceux-ci jouissent, toutes choses que l'on peut acquérir grâce à l'expérience humaine, à la maturité personnelle, au don oratoire, à l'habileté dont on fait preuve dans la cure d'âme. La *Confession d'Augsbourg* (art. VIII) a rejeté expressément l'hérésie « donatiste » selon laquelle seule la sainteté personnelle donne autorité à la parole du prédicateur et efficacité aux sacrements qu'il administre ; elle affirme que les sacrements sont efficaces même quand ils sont administrés par des impies *(mali !)*. Ce principe est, certes, manifestement dangereux, peut-être aussi dangereux et même plus que l'erreur rejetée. Nous avons relevé par ailleurs quels dangers le contact permanent avec l'Écriture sainte et la manipulation professionnelle des mystères de la foi recèlent pour ceux qui n'ont pas dédié toute leur vie et toute leur pensée au grand Mystère de Dieu. Et nous ne pouvons pas oublier non plus les effets néfastes que produisent dans l'Église des ministres impies ou incroyants, avides de pouvoir et dépourvus d'amour. Le service du Mystère de Dieu ne permet aucune forme de vanité personnelle qui s'appuierait en particulier sur l'idée qu'un homme pourrait disposer de ce mystère-là. Seule une grande et très pure humilité peut faire de quelqu'un un dispensateur des mystères de Dieu. Lier la dignité et l'autorité du ministère à la maturité et aux capacités de ceux qui le détiennent serait trop exiger d'eux et mettre leur âme en péril. La tenue particulière que le ministre porte dans l'exercice de ses fonctions devrait le préserver de toute présomption relative à la valeur de ses qualités humaines ; elle devrait garantir cette objectivité que symbolise en médecine la blouse blanche rassurante du docteur. Au moment où le malade expose ses souffrances, les infirmités et les défauts de son corps, il n'a pas affaire à Monsieur X..., qui est sans aucun doute quelqu'un de très respectable, mais au médecin qui lui fait face, revêtu de la dignité et de l'autorité que lui confère sa profession. C'est pourquoi je considère comme aberrants le refus de certains jeunes pasteurs de porter une tenue particulière et leur désir de célébrer le culte en costume de ville. Ce penchant m'apparaît comme une forme difficilement acceptable de présomption personnelle. Pour la même raison, je trouve aberrant le fait que certains pasteurs autorisent leurs catéchumènes à ne plus les appeler « Monsieur le pasteur », mais simplement « Monsieur un tel »..., quand ils ne vont pas jusqu'à le leur demander ! Cette manière de faire transpose l'autorité du ministère dans le domaine de la personne. En nous ralliant, même sur ces points extérieurs, aux usages courants et en favorisant ainsi une déviation dangereuse, nous sanctionnons (et c'est une erreur !) le fait que beaucoup de nos contemporains ne reconnaissent que l'autorité personnellement acquise et refusent d'admettre et de respecter l'autorité propre au ministère.

Mettre en évidence l'autonomie et l'indépendance du ministère, ce qui ne fonde l'autorité de chaque ministre que sur l'institution apostolique, est aussi ce que veut la « succession apostolique » qui manifeste la cohésion et la continuité du ministère jusqu'à l'époque des Apôtres. Les Églises « catholiques » et certaines Églises de la Réforme attachent de l'importance au fait que leurs ministres sont ordonnés par des évêques qui ont eux-mêmes reçu le ministère de la main des Apôtres en une succession ininterrompue. L'opposition protestante contre cette valorisation de la « succession apostolique » n'est justifiée que dans la mesure où cette succession est comprise d'une manière extérieure et légaliste, qui subordonne la validité de l'action ecclésiastique à la preuve historique certaine du fait que la chaîne des évêques n'a jamais été rompue. La cohésion réelle et significative, dans laquelle l'*oikonomia tou mystèriou* advient tout au long des siècles, est ainsi transformée abusivement en un fait naturel et démontrable, dont on attend qu'il assure et garantisse la présence et l'efficacité des mystères en question. La succession la mieux attestée n'a pas pu empêcher les pires dégénérescences ni la mondanisation la plus honteuse des plus hautes charges ecclésiastiques. Quand, inversement, l'Église refuse de considérer le ministère comme un principe de discipline purement humain, mais qu'elle le fait dériver d'une institution divine dans laquelle elle voit l'unique fondement de son autorité, elle ne peut plus faire dépendre cette autorité de l'existence, toujours sujette à caution, d'une succession historique ininterrompue. Elle peut alors avoir la certitude que ce fleuve, même interrompu par la bêtise ou par l'indifférence des hommes, a su par sa puissance irrésistible trouver une nouvelle voie et se creuser un nouveau lit. Cette double réserve nécessaire ne peut cependant pas nous empêcher de penser que la succession apostolique est l'expression qui convient pour manifester l'indépendance du ministère à l'égard de tout arbitraire humain ou de toute prétention autoritaire des paroisses. Toutefois le Nouveau Testament et toute l'histoire de l'Église nous apprennent qu'à côté du ministère institué, il existe le don charismatique libre qui doit toujours avoir sa place dans l'Église comme un rappel de la liberté souveraine de Dieu et de son Mystère.

Les pères de la Réforme restent fidèles à cette ligne en affirmant dans l'*Apologie de la Confession d'Augsbourg* (art. XIV) « qu'ils ont la ferme intention de maintenir l'ancien gouvernement de l'Église et le pouvoir des évêques, et que l'autorité des évêques n'est pas ébranlée par les nôtres, mais plutôt par les évêques qui ne tolèrent pas la doctrine de l'Évangile et qui, de ce fait, déchirent et dévastent l'Église ». Les Églises issues de la Réforme ont cru devoir renoncer pendant des siècles à cet enracinement du ministère dans l'ensemble de l'histoire ecclésiastique. Il en est résulté que dans les périodes de perturbation et de déliquescence, elles ont bien disposé d'innombrables pasteurs fidèles et courageux, mais qui ont douté de l'autorité de leur propre ministère. Ces faits ont souvent été notés, mais nous voudrions montrer dans ce livre que cette crise de l'autorité du ministère a été la conséquence inéluctable du fait que l'Église elle-même avait cessé de se considérer comme le fruit et comme l'actualisation d'un Mystère, mais qu'elle a voulu être tout ce que la « société » attendait d'elle : oratrice, enseignante, assistante sociale, infirmière, tout sauf, conformément à sa vocation première, économe des mystères de Dieu.

Le concept de Mystère et la structure cruciforme de la « hiérarchie » font que le ministère ne se situe pas seulement « vis-à-vis » de la communauté ; il est en même temps associé à cette communauté de multiples manières, ce qui interdit et exclut toute relation de suprématie.

L'usage, observé dans de nombreuses Églises luthériennes, veut qu'au cours du culte le pasteur se tourne vers l'autel pendant toutes les prières (au nombre desquelles figure la confession de foi) et qu'il se tourne vers l'assemblée chaque fois qu'il s'adresse à elle et lui parle au nom de Dieu. Cet usage est parfaitement légitime. Toutefois, le fait de se tourner vers l'autel ne signifie pas (comme dans la conception traditionnelle de l'Église catholique romaine) que celui-ci est un lieu sacré, digne d'une vénération particulière ; il signifie qu'en disant les prières et la confession de foi, le pasteur ne se situe pas en face de l'assemblée, mais qu'il en est membre et qu'il en est le porte-parole. (Cette orientation favorise par ailleurs une meilleure concentration et elle permet au pasteur de joindre les mains en priant au lieu de tenir un livre à la main. Elle est donc aussi utile, mais ce n'est pas là sa vraie justification.) Depuis le dernier Concile, l'Église romaine conseille au prêtre de se placer derrière l'autel. Si cette attitude se généralise aussi dans l'Église protestante, le symbolisme de l'ancien usage se perd. Le fait que Luther ait considéré cet usage comme juste (non pas tant parce qu'il provenait de l'Église ancienne, mais surtout pour des motifs pédagogiques) peut servir d'argument en faveur d'une modification de notre pratique actuelle. Encore faut-il ne pas oublier que le fait d'officier face au peuple impose à l'officiant un maintien pleinement discipliné.

Quoi qu'il en soit, la double orientation possible du pasteur officiant à l'autel est (ou était) une expression significative du double aspect de ses relations avec la communauté. D'un côté, le ministre se trouve obligatoirement en face de la communauté, mais d'un autre côté il est aussi membre de cette communauté et il se tourne avec elle vers Dieu. Alors que, dans la proclamation de la Parole, qui est transmission des mystères de Dieu, il se place face à la communauté au nom de Dieu, comme porte-parole de la communauté en revanche, il représente cette dernière devant Dieu. Cette double position est profondément enracinée dans l'essence même du Mystère dont la transmission exige que l'on y soit inséré et enraciné soi-même. Aucun autre mot ne saurait remplacer le mot biblique de « mystère » pour exprimer avec autant de clarté ce double caractère du ministère.

Ce que nous venons de dire contribue à enlever tout sens à la distinction entre « clercs » et « laïcs », qui est pourtant toujours en usage. J'ai dit plus haut pourquoi les titulaires du ministère ecclésiastique ne devraient pas être appelés membres du « clergé » [2]. Il est tout aussi faux d'appeler « laïcs » les autres membres de la communauté car, si tant est que nous tenions à conserver le sens biblique d'un mot malgré son évolution postérieure, nous devons nous souvenir que le mot *laïkos* désigne proprement quelqu'un qui est membre du peuple *(laos)* — et donc du peuple du Dieu de la Nouvelle Alliance —, en sorte qu'aucun ministre ne pourrait exercer de ministère s'il n'était pas lui-même un « laïc ». L'usage courant oppose évidemment en allemand le « laïc » au spécialiste, ce qui fait du ministre un spécialiste et un expert. Raison de plus pour éviter et condamner ce mot !

Quand un pasteur parle de « sa » paroisse, cet adjectif possessif ne peut sous-entendre aucun droit de propriété ou de domination. Il indique simplement que tel ministre est chargé de tel groupe humain concret et bien délimité. Le fait que cette charge est concrète et qu'elle a des limites fait partie de l'essence même de l'*oikonomia*, car l'« économe » doit faire ses preuves dans une « maison » bien précise. S'il est vrai que l'Église anglicane a pu inscrire sur le mémorial de John Wesley à Westminster la célèbre

2. En allemand : *Geistliche* (littéral : « spirituels »).

affirmation de ce prédicateur : *My parish is the world* (ma paroisse, c'est le monde), la sobriété qui la caractérise interdit à l'Église luthérienne d'appliquer cette devise à aucun de ses pasteurs. Même le service du missionnaire qui n'a pas de paroisse s'adresse à une circonscription délimitée et, si l'évangéliste fait un travail inter-paroissial, c'est une raison de plus pour ne pas surestimer le rôle que sa parole joue pour l'édification de paroisses vivantes. Nous devons être attentifs au risque que comporte la multiplication des « ministères spécialisés » ; le travail d'organisation prend facilement trop de place par rapport au simple service d'« économe ».

Si le ministre et « sa » paroisse formant ainsi, en un certain sens, une unité, il faut d'autant plus veiller à ne pas isoler le ministère au sein de cette unité. La *Confession d'Augsbourg* parle dans son texte latin du *ministerium ecclesiasticum*, mais elle se contente de parler du *Predigtamt* (ministère de la prédication) dans sa version allemande. (Pourquoi n'a-t-on jamais étudié la portée théologique de ces différences entre le texte latin et la version allemande de la *Confession d'Augsbourg* ?) Même si le mot *predigen* et surtout le latin *praedicare* avaient un sens plus fort et plus dense dans le langage du XVIe siècle, on ne peut contester que cette traduction ait entraîné une perte de substance grave pour le ministère. Limiter le ministère ecclésiastique à la prédication ne concorde pas avec la multiplicité et avec la diversité des « ministères » dont les lettres apostoliques attestent l'existence au sein de l'Église primitive, comme fruit de divers charismes et de certaines nécessités pratiques. Par principe, l'Église luthérienne a mis l'accent sur l'unicité du ministère, mais cela n'est pas seulement un avantage ! Les Églises de tradition réformée, en revanche, ont suivi le modèle néotestamentaire et ont considéré, non sans raison, qu'une pluralité de ministères liés entre eux était constitutive de l'Église.

Il n'est pas nécessaire de répéter ici ce qui a été souvent dit, à savoir qu'une diversification du ministère doit permettre de créer et de reconnaître de nombreuses formes de ministère ecclésiastique. Les services assurés par le sacristain, par l'organiste, par le chef de chorale, par les responsables du travail parmi les femmes et parmi les jeunes, et donc aussi par les catéchètes doivent être considérés comme des diversifications du ministère dans l'Église et organisés dans ce sens. Si le pasteur était entouré d'un grand nombre de collaborateurs (qui ne seraient pas simplement « ses aides » !) et s'il partageait avec eux les responsabilités, le système, trop répandu, du pasteur « homme-à-tout-faire » et unique ministre, serait condamné ; et si tous les paroissiens engagés dans ces divers domaines formaient une communauté de travail, cette équipe ne serait pas seulement beaucoup plus efficace, mais encore elle correspondrait mieux à l'essence de l'*oikonomia* évangélique qu'un conseil presbytéral élu selon un processus démocratique aux critères bien différents.

On l'a souvent dit avec raison et je ne peux que le répéter en l'approuvant : sans une telle coresponsabilité active de la paroisse et de certains de ses membres, le « ministère » court le risque d'un isolement contraire au bon sens, la collaboration étant sacrifiée à une fausse conception du « vis-à-vis ». Quand la 1re épître de Pierre (2,5 s.) parle de la « maison spirituelle » et du « sacerdoce royal », et quand le voyant de l'Apocalypse glorifie Dieu d'avoir fait de nous « des rois et des prêtres » (1,6 ; 5,10), ces affirmations se réfèrent au ministère royal et sacerdotal du Christ, tout en soulignant que la vocation au service sacerdotal et à la dignité royale est accordée à tous les chrétiens en tant que tels. Aucun texte du Nouveau Testament n'applique ces deux expressions au ministère ordonné ; nulle part les « économes » des mystères de Dieu ne sont désignés comme étant rois et prêtres. Cette désignation des ministres provient d'une tradition qui s'était déjà éloignée du Nouveau Testament. Mais qui, dans nos paroisses, sait qu'il est impossible d'être chrétien sans s'engager dans une coresponsabilité sacerdotale ? Cela a été tout simplement oublié, parce que l'on a oublié l'enracinement du ministère dans l'*oikonomia* et le lien étroit qui relie ministère et communauté d'une part, et Mystère de Dieu de l'autre.

Ce vide ainsi créé a été envahi par la suite (mais cela ne date pas d'hier) par un appel à la démocratisation, d'origine politique. Le désir de voir nos paroissiens libérés de leur passivité et de leur indifférence, de leur état de masse amorphe, de simple secteur missionnaire (Hermann Ehlers), pour se constituer en communautés vivantes a son origine dans le « sacerdoce » et dans la dignité royale de tous les croyants. Mais il est abusif d'appeler ce processus « démocratisation ». On peut parler de démocratisation quand les vieilles paroisses réformées, au XIXe siècle, ont conçu leurs conseils presbytéraux comme des « assemblées représentatives de la communauté », destinées à faire pièce à la toute-puissance du ministère, ou encore quand des synodes, qui étaient dans l'Église ancienne des assemblées consultatives de ministres responsables se sont attribués à eux-mêmes des prérogatives semblables à celles des parlements politiques, ou quand des directions collégiales d'Églises ont bloqué et paralysé la responsabilité personnelle par des décisions majoritaires. Il s'agit là d'aliénations de la structure ecclésiale, entreprises au nom de la démocratie et donc au nom d'une structure étrangère à l'être même de l'Église. A la question : Que peut-on « démocratiser » dans l'Église ? il n'y a qu'une réponse possible, si l'on comprend et respecte le véritable sens des mots « Église » et « démocratie » : « Rien ! »

A l'arrière-plan de toutes ces questions se trouve celle du sens de l'*ordination*, c'est-à-dire de l'acte par lequel l'Église consacre un futur pasteur au ministère. C'est une question très discutée aujourd'hui et cette incertitude même montre qu'on n'est plus très au clair sur l'essence du ministère. La problématique de l'ordination apparaît clairement lorsque des candidats en théologie refusent de se faire ordonner. Le motif de ce refus est quelque peu obscur à première vue. S'opposent-ils à la solennité d'un acte qu'ils considèrent comme inutile et dépourvu de sens, exactement comme, dans d'autres domaines, leur soif d'authenticité se rebelle contre des cérémonies vides ? Ou bien ont-ils, au contraire, le sentiment qu'ils vont être entraînés dans quelque chose qu'ils ne désirent d'aucune manière ? Si l'ordination n'était vraiment que « la confirmation solennelle d'une mission confiée par l'Église » (comme le disait, au temps de ma jeunesse, le représentant d'une autorité d'Église), ce refus serait parfaitement compréhensible et acceptable au nom de la sincérité. Concevoir l'ordination de cette manière-là, c'est concevoir le ministère comme une simple fonction exercée au sein de l'institution ecclésiastique et l'on peut confier une telle fonction à quelqu'un sans recourir à des cérémonies aussi solennelles qu'une promesse publique, une imposition des mains et une bénédiction. Mais la dispensation des mystères de Dieu n'est justement pas une simple « fonction » et regarder l'homme comme un simple fonctionnaire de la société humaine ne s'accorde nullement avec le lien indissoluble qui existe entre ce que l'homme *fait* et ce qu'il *est*. Dès qu'elle est plus qu'un « job », un moyen indispensable pour vivre, aucune tâche humaine ne peut être comprise comme une « fonction ». Considérer le ministère comme une fonction, c'est se méprendre grossièrement quant à l'Église et à son ministère.

A l'opposé, il existe une peur « protestante » de tout ce qui pourrait assimiler l'ordination à la « consécration au sacerdoce » du prêtre catholique, qui confère à ce dernier un « pouvoir » *(potestas)* sans lequel il ne peut exercer certaines fonctions, surtout « offrir le sacrifice de la messe ». Il est évident que cette conception romaine est étroitement liée à celle du sacrement et à ses implications juridiques. Seule, en effet, la conception du sacrement définie dans le droit canon permet de comprendre la consécration sacerdotale comme l'attribution d'une qualité humaine permanente qui différencie et sépare le prêtre du peuple de l'Église, et qui ne peut guère être ôtée que dans des circonstances tout à fait exceptionnelles.

Quand des vicaires refusent l'ordination, le tutoiement, l'appellation de « frère », l'agenouillement et l'imposition des mains, prévus par la liturgie de cet acte, ce refus prouve qu'ils n'ont absolument rien compris ni au ministère qu'ils veulent exercer, ni à l'ordination. La peur du Mystère devient un complexe maladif, qui empêche tout discernement approfondi.

Mais si l'ordination est vraiment plus qu'une solennité inutile au cours de laquelle « rien ne se passe », qu'est-ce qui s'y passe donc réellement ? Les liturgies d'ordination de l'Église évangélique luthérienne unie d'Allemagne (VELKD) prévoient la lecture de différents textes de l'Écriture sainte, tirés, selon une vieille tradition, des évangiles et des épîtres du Nouveau Testament. Cet usage signifie que le ministère est lié à une mission remontant à l'origine même de l'Église, qui doit, certes, être réinterprétée et reformulée à chaque époque, mais qui échappe à toute adaptation arbitraire aux exigences de la « société ». Je remarque pourtant qu'aucune des liturgies que je connais ne fait mention du passage relatif à l'« économie » des mystères de Dieu (1 Co 4, 1) et que le mot « mystère » (secret) n'est employé qu'à propos du secret de la confession ! On demande au futur pasteur s'il est prêt à assumer le ministère ecclésiastique avec les obligations qu'il comporte (ces obligations sont souvent énumérées en détail) ; puis on prie pour celui qui doit être « ordonné » et on l'« envoie et le bénit » en vue de son service par l'imposition des mains. Quiconque est persuadé que la prière est le lieu où advient le Mystère sera incapable d'admettre que « rien ne se passe » à ce moment-là. A une époque où existait sans doute déjà une sorte d'ordination au ministère, la 2e lettre à Timothée parle (1,6) du charisme « donné » au ministre par la prière et par l'imposition des mains, ce qui veut dire que l'Esprit Saint est promis à ceux qui demandent ce don avec sérieux. L'imposition des mains est un geste de communication ; elle médiatise une transmission, non dans le sens d'une sécurité automatique, mais dans celui d'une certitude fondée sur la confiance.

On ne comprend évidemment pas le sens et la force d'un tel

acte tant que l'on n'a pas fait l'expérience du danger inhérent au service des mystères de Dieu. Parce que le mystère de *Dieu* est vraiment le *mystère* de Dieu, le ministre connaîtra toujours l'épreuve spirituelle qu'entraînent le caractère caché de ce mystère, ainsi que sa propre incapacité et ses propres défaillances. Il souffrira moins des critiques de ceux dont il déçoit les exigences et les attentes que de la conscience qu'il a de la grandeur écrasante et inquiétante de la charge qui lui est confiée. Notre consolation est de savoir que nous n'avons pas accepté ce ministère en vertu d'une initiative personnelle ou d'une sorte de confiance en nous-mêmes, mais que ce ministère nous a été confié, qu'on a prié avec nous et pour nous et qu'on nous a imposé les mains. Quiconque n'a jamais été troublé et inquiété de la façon que nous venons de dire est incapable d'apprécier cette consolation à sa juste valeur. Mais que peut-on savoir et comprendre des mystères de Dieu, si l'on n'a jamais connu ce trouble et cette inquiétude ?

L'*Apologie de la Confession d'Augsbourg* (art. XIII) aborde la question de savoir si l'ordination doit être appelée « sacrement ». L'objection faite à l'emploi de ce mot ne vise pas la réalité de ce qui se produit lors de l'ordination, mais la conception erronée du *ministerium* que la théologie romaine ne réfère pas à la prédication et à la célébration des sacrements, mais au sacrifice que le prêtre doit offrir. « Pourtant, écrit alors Melanchthon, si le ministère de l'Église est compris comme ministère de l'Évangile, rien n'empêche d'appeler sacrement l'ordination et l'imposition des mains, parce que nous savons que Dieu est présent dans ce ministère. »

Nous concluons : on ne peut guère parler de manière plus « pleine » du ministère ecclésiastique que ne le font les liturgies luthériennes d'ordination et les questions adressées à l'ordinand. Mais je me demande si l'Église elle-même prend tout à fait au sérieux les paroles qu'elle prononce avec tant d'emphase et si elle est prête à en tirer toutes les conséquences. Voilà la cause profonde de l'incertitude qui règne non seulement au sujet de l'ordination, mais aussi au sujet du ministère de l'Église lui-même. Avec les écrits confessionnels luthériens, on peut discuter de la question de savoir si l'ordination mérite le qualificatif de « sacrement ». Mais connaître le Mystère de Dieu ne laisse aucun doute quant au rapport étroit qui existe entre le ministère et l'économie des mystères de Dieu.

4
Le Mystère dans le monde

Nous entendons ici par « monde » l'ensemble des relations qui existent en dehors du domaine spécifiquement religieux ou ecclésiastique.

Quiconque a assimilé le concept biblique de Mystère est obligé de renoncer à toute autosatisfaction pieuse. Il ne peut plus se contenter d'édifier et de cultiver au sein du monde une institution ecclésiastique bien organisée, en abandonnant le monde situé en dehors des murs de l'Église aux puissances du mal qui y sont à l'œuvre. A quoi peuvent bien servir une bonne théologie et de beaux offices religieux (en existe-t-il d'ailleurs encore ?), quand « le monde » est en train de se détruire lui-même dans la désolation et dans la désespérance de sa vie désacralisée ? L'Église elle-même devient alors le « tabernacle » où la nourriture sainte est conservée à l'intention des élus, alors qu'au-dehors le monde meurt de faim et s'abîme dans sa détresse. Cet état de fait justifie en quelque manière les réclamations véhémentes de ceux qui rappellent à l'Église sa responsabilité et qui pensent que son droit à l'existence et sa destinée sont liés à son engagement dans le monde.

Nous trouvons là le fondement même de la tâche missionnaire qui ne consiste pas seulement à répandre l'Évangile parmi les nations au moyen de l'enseignement et de la prédication, mais qui œuvre également de manière plus secrète et plus discrète. Le Nouveau Testament (1 P 2, 9) attribue à l'Église un « sacerdoce royal » comportant le devoir de faire connaître la gloire du Christ (cette traduction convient mieux que « les vertus » ou « les bienfaits »). Mais ce service sacerdotal n'est possible que par la puissance d'une union mystérieuse, d'une réelle solidarité avec ceux qui en sont les bénéficiaires. Quand, dans son culte, l'Église écoute, prie, célèbre et se renouvelle par la puissance du Mystère, elle entraîne avec elle tout ce qui constitue la vie « au-dehors », notre vie quotidienne et profane, nos familles et nos couples, notre travail et le monde matériel tout entier, au sein duquel et au profit duquel nous œuvrons. Dans son ministère sacerdotal l'Église « se substitue » au monde. L'existence d'une Église dans le monde, le fait que des hommes participent au Mystère de Dieu et le transmettent, qu'ils sont entourés et portés par ce Mystère, sont des événements réels d'une importance décisive pour la destinée du monde, et cela indépendamment de toute prédication missionnaire et de sa portée. Nous commençons à comprendre ce que nous n'avons peut-être pas compris pendant longtemps, à savoir pourquoi Noé a érigé en premier lieu, un autel pour Dieu, quand les eaux du déluge se furent retirées. Quand un autel est élevé dans un endroit donné, quand une simple croix est dressée au bord d'un chemin, quand la voix des cloches se fait entendre à partir d'un sanctuaire, cette région est revendiquée pour le Seigneur et touchée par le grand Mystère. Ces signes n'attestent pas la victoire d'une puissance étrangère ; ils attestent le salut destiné à cette terre, à ce monde.

La dynamique du Mystère veut que le monde soit « sanctifié » par le service de l'Église. La Bible ne confond pas la sanctification avec le progrès moral ; elle y voit l'emprise de la toute-puissance de Dieu sur la réalité terrestre. L'Écriture ne prétend ni spécifier en détail ce que signifie la sanctification du monde, ni décrire la portée de la foi en Christ quant à notre attitude envers le monde pris au sens le plus large de ce mot. A propos de quelques points choisis en fonction de la situation réelle, nous pouvons pourtant montrer ici ce que signifie regarder et concevoir le monde à la lumière du Mystère et ce que peut être l'action d'un homme, déterminée par cette lumière. Le mot de « messe », qui désigne le culte chrétien principal, nous rappelle que le culte n'est pas seulement un espace intérieur dans lequel nous sommes invités à pénétrer ; il est aussi le lieu à partir duquel nous sommes envoyés en mission pour servir le monde et pour y témoigner des mystères de Dieu.

Le corps

Notre premier exemple, le corps, est une partie du monde extérieur, liée en même temps d'une manière toute spéciale à notre existence en tant que personne, à notre existence humaine dont il est la forme.

Le fait qu'un fragment du monde matériel et organique constitue non seulement l'instrument mais aussi la forme de notre vie individuelle et personnelle représente un mystère qui se dérobe à tout éclairage rationnel. Nous n'« avons » pas seulement un corps, mais ce corps est lié à notre moi en une union indissoluble. Nous ne pouvons donc pas parler de notre moi en faisant abstraction de notre existence corporelle et nous ne pouvons pas parler de notre corps en faisant abstraction de nous-mêmes en tant que personnes.

Quand je vois le corps d'un autre homme, je vois la « forme » d'un être humain dont la profondeur mystérieuse ne peut être scrutée ou décrite d'une manière anatomique, physiologique ou psychologique. Tout contact corporel peut être compris comme un « contact » avec le mystère d'un autre dans sa différence insondable. Il est saisissant de constater combien l'être caché d'un homme peut s'exprimer et se présenter, bien au-delà des limites de sa propre conscience, dans la forme de son corps, dans les traits de son visage, dans la forme de ses mains, dans ses mouvements involontaires et jusque dans le timbre de sa voix et dans sa démarche. Aucun diagnostic médical, aucune constatation physiognomonique ne peuvent jamais découvrir, même en recourant à toutes les techniques possibles, ni expliquer pleinement le mystère de l'aspect corporel de la personne.

L'aspect corporel est aussi doublement en relation avec le Mystère dans son sens le plus profond, le mystère du salut. Le Mystère est le mystère de l'*incarnation*. L'affirmation selon laquelle la Parole éternelle est devenue « corporelle » distingue la foi au Mystère aussi bien de la vénération d'idées abstraites que de cette sorte d'« idéalisme » pour qui seul est valable l'élément « spirituel » dans l'homme et dans le monde. C'est pourquoi ces mystères et le témoignage qui leur est rendu ne se transmettent pas uniquement par des idées et des expériences, mais aussi par le service « corporel » rendu par des hommes vivants et par la « médiation corporelle » entre deux êtres humains. Les réalités que l'on appelle « sacrements » sont des bastions qui empêchent le Mystère de se dissoudre en une spiritualité désincarnée. Quand on croit que celui qui est le salut du monde est né d'une mère humaine et que le Christ ressuscité des morts en un corps nouveau est le premier-né d'une humanité nouvelle, il faut avoir le courage de tirer de cette foi les conséquences relatives à la valeur de la vie corporelle en général. Si le corps est inséré de cette manière dans le grand Mystère, il ne nous est pas permis de considérer et de traiter notre corps comme une partie quelconque de la nature, à l'égard duquel nous n'aurions pas d'autre devoir que de le maintenir en bonne santé et en état de fonctionner, parce qu'il est l'instrument de notre travail et de notre joie de vivre. Nous pouvons encore bien moins considérer notre vie corporelle avec ses organes et ses fonctions comme notre vie véritable et définitive. Nous ne pouvons même pas livrer le cadavre humain à l'anéantissement, comme s'il était un objet indifférent et tout au plus encombrant, dès que nous avons compris que la promesse divine veut faire participer notre corps au « mystère de la transformation ».

L'apôtre Paul, qu'on a souvent qualifié de contempteur du corps, n'a pas craint d'écrire (1 Co 6, 13) : « Le corps est pour le Seigneur et le Seigneur pour le Corps ! » Qui d'entre nous oserait tirer toutes les conséquences de cette formule audacieuse quant à son propre corps et au corps d'autrui ? Cette parole ne nous autorise certes pas à parler d'un « sacrement du corps », mais elle nous permet de parler du mystère de la corporéité ; elle nous y oblige même !

Le sexe

Le corps est la forme de vie propre à chaque individu ; mais il est aussi l'organe décisif de nos relations avec d'autres gens et de notre union avec eux. Certes, il y a des relations et des unions d'intensités et de genres différents, mais la forme la plus intense et la plus importante de ces relations et de ces unions est de nature sexuelle. Quand, en prenant sciemment le contre-pied de toute « initiation » uniquement médicale, biologique ou hygiénique, nous posons la question du *sens* de notre sexualité, nous nous trouvons devant le fait fondamental d'une différence irréductible entre les deux sexes ; cette différence ne connaît pas d'états intermédiaires, sauf dans des cas pathologiques et elle ne peut pas être atténuée. Nous constatons ensuite qu'en tant qu'êtres sexués, nous sommes prédisposés à la rencontre et à l'union avec l'autre sexe. Le fait que l'apôtre Paul (1 Co 6, 16) applique la parole créatrice selon laquelle l'homme et la femme seront « une seule chair » (Gn 2, 24), même au cours de relations sexuelles occasionnelles, temporaires et dénuées de responsabilité, donne fort à réfléchir. Cette affirmation veut dire que toute union sexuelle occasionnelle et fugitive constitue un événement qui va plus loin qu'un processus seulement corporel et physiologique avec ses conséquences possibles (et éventuellement empêchées) ; elle concerne la vie et la personne dans sa rencontre avec la vie corporelle du partenaire précisément. Toute expérience sexuelle touche la personne de chacun des partenaires. Ne pas reconnaître ce fait ou le nier consciemment, c'est briser l'unité et la totalité de l'homme ; c'est cesser de vivre le corps comme personne ; c'est réduire l'événement à son aspect corporel. Quand nous osons dire que toute union sexuelle est un mystère, nous voulons d'abord dire simplement qu'il s'agit toujours d'un événement qui transcende le processus purement physiologique ainsi que le vécu « psychique » des partenaires. Il convient donc de s'opposer énergiquement à tous ceux qui minimisent ces relations sexuelles. Un tel acte produit toujours quelque chose d'important, même si celui qui s'y livre n'en comprend pas l'importance. Mais je laisse au médecin (ou au psychologue) le soin, sinon d'expliquer, du moins de montrer la manière dont l'importance de cette action est fondée dans la nature même de l'homme.

Nous affirmons ce que nous venons de dire, en référence à la parole de l'Apôtre, en parlant de l'union sexuelle en général et sans tenir compte du fait que celle-ci a lieu dans le mariage ou non. La responsabilité qu'impliquent toujours ces relations corporelles et donc personnelles est d'autant plus lourde. Mais l'union durable des sexes dans le mariage a encore une autre relation avec le Mystère dont nous parlons dans ce livre. Nulle autre structure de vie communautaire n'est si étroitement rapprochée du mystère du Christ que le mariage tel qu'il est décrit dans la lettre aux Éphésiens (5, 22-30). La parole obscure relative au « grand mystère » (v. 32) désigne clairement le mariage lui-même comme un mystère destiné à témoigner sur terre du mystère de l'union du

Christ et de son Église et à en offrir une image. Toutes les caractéristiques du Mystère peuvent être retrouvées dans le mariage, communauté de vie durable de l'homme et de la femme. Le mariage est le lieu terrestre où le grand mystère advient et veut prendre forme ; c'est là aussi et c'est là précisément que le mystère du Christ est lié à une forme terrestre et corporelle, alors qu'en même temps le mystère de Dieu reste caché sous le voile de cette communion des corps. Et c'est justement là que le mot « avec » de la formule tripartite que nous avons souvent citée prend une signification décisive. Nous n'avons aucune raison de rejeter la conviction des Réformateurs pour qui le mariage est une structure de la vie corporelle et terrestre, une « affaire séculière », comme dit Luther ; le mariage chrétien ne peut pas être fondé sur la négation de ce côté terrestre et séculier du mariage et de son caractère de communion sexuelle, terrestre et corporelle. Le mystère du Christ est le mystère de l'amour de Dieu, le mystère de l'amour qui donne. Cet amour-là n'est pas identique à l'éros, à l'amour qui désire et qui veut posséder. Mais il serait tout à fait faux de penser que l'amour qui désire doit être changé en amour qui donne, que l'éros doit être transformé en *agapè* et que l'amour érotique et sexuel doit donc cesser d'être ce qu'il est par nature pour laisser place au seul amour du Christ ! Si nous appliquons la doctrine de la transsubstantiation au mariage, cela signifierait que le mariage ne peut pas être une parabole du mystère du Christ tant que l'amour « naturel » (y compris la communion sexuelle des corps) n'a pas cessé de jouer le rôle qu'il a joué normalement au début du mariage. Mais comme, dans la Cène, le pain consacré a le goût du pain et le vin consacré celui du vin, de même l'amour sexuel ne cesse pas d'être, même dans le mariage sanctifié par l'amour du Christ, ce qu'il est par son origine et par sa nature. L'amour qui donne, qui supporte, qui pardonne, l'amour du Christ, veut prendre forme dans la communion d'amour terrestre, lié à sa pleine corporéité et en même temps caché sous la réalité terrestre. Un mariage « chrétien » dénué de la puissance active de l'éros sensuel correspondrait à une notion « docète » du Christ et renierait ainsi l'« avec » du Mystère.

Il est vrai que, dans ce contexte aussi, le fait d'avoir remplacé le discours biblique sur le Mystère par la notion juridique romaine du sacrement a eu des conséquences néfastes. Il en est résulté que, dans la doctrine catholique romaine du mariage, les questions juridiques ont pris une importance terrible, comme nous le voyons aujourd'hui dans les problèmes posés par les mariages mixtes.

Dans le dialogue interconfessionnel, le fait que le mariage n'est compris comme un sacrement que dans l'Église catholique et non dans les Églises protestantes joue un grand rôle. Pourtant nous ne dévaluons pas le mariage en refusant de le considérer comme un sacrement ; notre refus est une protestation contre une altération désastreuse du message biblique. Le mariage n'est pas un sacrement ; il est un mystère, ou plutôt il participe au mystère du Christ, et tout ce qui peut être dit au sujet de ce mystère, peut et doit être dit du mariage. Tout est faussé, perturbé et perverti dès que l'on veut appliquer au mariage les caractéristiques du sacrement et dès que l'on prétend fixer quelles conditions extérieures il faut remplir (surtout à l'égard de l'Église) pour qu'un mariage soit valide. L'Église en tant que telle n'a pas à intervenir dans ce débat, parce qu'elle ne dispose aucunement du Mystère. Dans, avec et sous la communion naturelle, corporelle, sexuelle du mariage, le mystère de l'amour de Dieu advient et veut prendre forme : voilà le grand mystère dont parle l'auteur de l'épître aux Éphésiens. Mais ce mystère est le mystère de *Dieu*, et Dieu seul sait et décide où et dans quelle mesure le mystère advient dans tel ou tel mariage concret.

Toutes ces considérations donnent à la cérémonie du mariage, à la bénédiction nuptiale, son sens véritable. L'ordre naturel et juridique du mariage n'a pas besoin d'être confirmé par l'Église et l'Église ne peut et ne doit pas s'arroger le droit de décider de la validité d'un mariage. Mais le mariage invite l'homme et la femme à se rendre dans la maison de Dieu au début de leur union et il leur fait comprendre que, saisi dans toute sa profondeur, il veut être une image et une réalisation de l'amour dont le Christ a aimé les siens ; alors l'Église prie Dieu avec les époux de les faire participer au mystère de son amour, dans leur union conjugale et à travers leur vie conjugale.

L'*Apologie de la Confession d'Augsbourg* dit : « Si quelqu'un veut appeler le mariage un sacrement, cela ne nous offusque pas grandement. » Pourtant nous nous en offusquons et nous le contestons, parce que nous contestons que l'on applique la notion de sacrement au mariage. Et nous le contestons plus que jamais quand on refuse de reconnaître que le mariage est un mystère.

Le Mystère dans le cosmos

Pour demeurer fidèle au but de ce livre, je me limiterai, une fois de plus, à quelques brèves remarques et à quelques rares exemples.

La Bible raconte qu'à l'heure où Jésus est né, une étoile s'est mise à briller et que cette étoile a été comprise par les astrologues d'Orient comme un signe et une indication. Elle dit aussi qu'à l'heure où le mystère de la vie terrestre de Jésus s'est achevé sur la croix, le soleil a perdu son éclat. On peut à juste titre éliminer ces indications comme des éléments « mythiques », en tant qu'elles sont incompatibles avec la conception scientifique du monde et avec le cours historique des événements. Il faut, en revanche, les comprendre comme une expression de la foi en une participation du cosmos au mystère de l'action de Dieu dans le monde terrestre. L'Écriture tout entière rend témoignage à cette idée-là : le Christ rejoint les siens en marchant sur le lac ; l'eau, élément de mort, est contraint de porter celui qui a vaincu la mort en lui-même et qui s'est soustrait ainsi à la pesanteur terrestre ; le vent et les vagues obéissent à celui par qui et pour qui tout a été créé. Certaines peintures anciennes et médiévales du baptême de Jésus représentent l'eau comme une montagne de vagues qui se dresse et qui s'avance en quelque sorte au-devant du Christ pour se mettre à son service ; quant à de vieux tableaux de l'Ascension, on y aperçoit encore sur le sol l'empreinte des pieds de celui qui a marché sur cette terre comme le mystère de Dieu incarné.

Dans le récit de la création au début de l'Écriture sainte, nous lisons : « Dieu regarda tout ce qu'il avait fait, et voici, c'était très bon » (Gn 1, 31). Ce regard de Dieu confère à toutes les créatures une dignité secrète. La splendeur de Dieu repose sur toutes ses œuvres. C'est dans ce sens que Pascal a appelé « mystère » le secret de la nature. Notre enthousiasme vaniteux pour les réalisations grandioses de la technique nous a désappris et fait oublier d'être sérieusement attentifs à la différence qui existe entre ce que Dieu a créé et ce que l'homme a fabriqué. Le monde des créatures cache un mystère qui ne cesse d'être un mystère, même pour la connaissance scientifique. L'étonnement préscientifique à la vue du ciel étoilé n'a pas moins de valeur, à cause de son caractère « primitif » que l'étonnement suscité par la précision technique d'une expédition spatiale. Les rythmes solennels qui régissent le cosmos et auxquels participent le corps et l'âme de l'homme ne sont pas moins admirables que le fait de mesurer avec précision un millionième de seconde. C'est pour cette raison que le Christ a pu présenter la lumière, le pain et le cep de vigne comme des paraboles de son propre être et que l'on a pu dire de lui : « Il est le vrai cep et la vraie lumière. » Quant aux chrétiens des premiers siècles, ils ont trouvé juste et normal de remercier Dieu dans la célébration eucharistique pour les dons de la création et ils auraient été fort étonnés s'ils avaient su que, plus tard, les hommes de l'ère technique auraient l'idée de remplacer sur l'autel, dans la célébration de la fête des récoltes, les épis et les raisins par des appareils techniques ou par des pilules !

Ce que Paul a écrit aux Romains au chapitre 8, 19 s. compte parmi les passages bibliques les plus grandioses et les plus profonds relatifs au monde des créatures. L'Apôtre évoque dans ce passage la souffrance à laquelle le monde créé est soumis sans sa faute et il interprète cette souffrance comme les douleurs de l'enfantement d'un monde nouveau. Dans cette nouvelle création, dit Paul, toutes les créatures auront part à la « glorieuse liberté des enfants de Dieu ». Ces paroles nous montrent l'autre face de cette relation mystérieuse : les créatures ne sont pas un monde extérieur, fixe et mort ; elles ne sont pas seulement un système de forces agissant selon des lois fixes ; elles participent d'une manière incompréhensible à l'histoire dans laquelle le Mystère de Dieu se réalise. Le fait que des hommes soient appelés à être économes des mystères de Dieu a des répercussions jusque sur la nature créée. Nous sortons d'une époque où l'on croyait pouvoir soit entièrement séparer l'homme et le cosmos, soit, au contraire, considérer l'homme uniquement dans sa dépendance à l'égard des forces du monde extérieur. La « nature », soumise une fois pour toutes à la domination de forces mesurables, ne semblait avoir aucun rapport réel avec la destinée de l'homme. Cette manière de voir entraînait une séparation presque totale entre les sciences de la nature et celles de l'esprit, qui parlaient chacune un langage différent et ne pouvaient plus guère se comprendre. Aujourd'hui, nous voyons au moins combien l'histoire de l'humanité est en relation avec ce qui se passe dans le cosmos ; nous ressentons que la grande histoire de l'humanité a quelque rapport avec le cours des astres et nous n'avons pas peur de désigner les grandes périodes de l'histoire mondiale par des noms de constellations. Cela représente une sorte de retour vers une grande cohérence dont au fond l'humanité a toujours eu conscience. Mais dès lors surgit une question très importante : Faut-il considérer l'homme à partir de la nature, comme un fragment infime et éphémère du cosmos, comme un phénomène passager, limité à une seule des ères historiques successives ? Est-ce, par conséquent, pour l'homme le sommet de la sagesse de se considérer lui-même comme la simple feuille d'un arbre dont il ne comprend pas le bruissement, ou comme la simple goutte d'un grand fleuve venant de cimes inconnues pour aller vers des mers inconnues ? Ou bien convient-il, au contraire, de comprendre la « nature » et le cosmos tout entier, à partir de l'homme et à partir de l'histoire du genre humain ? L'homme doit-il s'attendre à être le bénéficiaire d'un événement qui porte en lui la clef des énigmes non résolues du cosmos ?

L'idée biblique selon laquelle le monde créé participe à ce qui se passe dans le genre humain est-elle un de ces phantasmes mythiques dont nous devons nous défaire par respect pour la science et par honnêteté intellectuelle ? Ou bien pouvons-nous découvrir dans cette idée une sagesse plus profonde dont nous devons tenir compte quand nous sondons le sens du mot « mystère » ? Ne faisons-nous pas nous-mêmes l'expérience angoissante du bouleversement que le monde subit dès lors que l'homme dépasse ses limites ? La nature est malade de l'homme ; elle souffre avec l'homme et elle attend ce qui doit être révélé à propos du genre humain ; elle attend la révélation du grand Mystère.

Cette façon de voir présuppose évidemment la conviction que le monde créé recèle lui-même un mystère. Il ne s'agit pas seulement de mystères provisoirement cachés, non encore découverts et décodés ; il s'agit d'un mystère originel, fondé sur le fait que ce monde est la création de Dieu et que l'homme est appelé à ne dominer le monde que dans le respect de son mystère. Cette conception du monde, ou plutôt cette connaissance respectueuse de son mystère est le présupposé de tout ce que la théologie des sacrements ose dire de la mutation (et non de la transformation) des éléments ; ou, pour employer un langage biblique, elle est le présupposé de l'intégration des éléments de ce monde dans la foi au Mystère. Le Mystère est le gond sur lequel s'articulent création et rédemption, en sorte que la seconde création ne doit pas être comprise comme le contraire de la première. En d'autres termes, l'Esprit de Dieu est l'action divine grâce à laquelle, dans la sphère de souveraineté du Christ et à travers le service confié aux hommes, des éléments du monde extérieur peuvent devenir des organes du salut.

Rien ni personne ne peut décharger l'homme de sa responsabilité envers le cosmos tout entier. Dans les romans grandioses qu'il a consacrés à l'espace, le poète anglais C.S. Lewis a émis l'idée que le cosmos tout entier ne pouvait être sauvé de la destruction qu'à partir de la terre, et cela parce que Dieu n'est apparu que sur cette terre et que c'est ici seulement qu'il a manifesté son dessein de salut pour le monde. Certes, ce sont là des visions poétiques, mais pourquoi un poète ne pourrait-il pas exprimer ce que les théologiens n'osent plus guère penser ? La vocation sacerdotale de l'homme, appelé à proclamer et à faire rayonner autour de lui le mystère de l'amour divin apparu en Christ, implique aussi la relation avec le monde des choses, avec les forces de cette terre et du cosmos tout entier. Pourquoi donc les forces que l'homme a mises à son service ont-elles pu acquérir une autonomie et une puissance si inquiétantes que l'homme ne peut plus s'en défendre, mais que, tout autonome et puissant qu'il est lui-même, il n'est pas moins devenu l'esclave impuissant de ses propres œuvres, qui le contraignent à coopérer à la destruction de l'humanité ? N'est-ce pas parce que l'homme de l'Occident et même l'Église d'Occident ont oublié et trahi la grandeur du Mystère et qu'ils ne croient plus eux-mêmes à ce qui leur a été confié ?

Entre les mains de l'homme étranger à la sanctification et dépourvu d'amour, la nature entière devient, jusque dans les détails de la technique et de l'économie, une arme qui se retourne contre celui qui s'en sert. Osons-nous encore dire que la technique des terribles moyens de destruction inventés par l'homme est un mystère de l'iniquité ? La création se venge sur l'homme de toute la violence qu'il lui a fait subir. Un nombre croissant d'hommes dans le monde entier sont préoccupés et terrifiés par la question : « Comment les hommes peuvent-ils vivre et survivre dans le monde tel qu'il est devenu ? » A cette question il n'y a qu'une seule réponse : L'homme lui-même ne peut être sauvé que s'il se laisse sanctifier et transformer par le mystère de la grâce divine et s'il gère ce mystère qui lui est confié et le transmet jusque dans le monde des créatures.

La découverte copernicienne, à la suite de laquelle l'homme a cessé d'être le centre du cosmos, ne peut évidemment pas être révoquée dans le domaine de la science. Mais ne serait-il pas temps de comprendre et de dire qu'au fond le tournant marqué par cette découverte n'a de valeur que scientifique et qu'il requiert lui-même d'être complété et même, en un certain sens retourné, parce que le destin du cosmos se décide à propos de l'homme et en l'homme. La mode actuelle qui remplace la théologie par l'anthropologie est très dangereuse, parce que ce n'est pas l'homme réel, mais l'homme isolé de tout le contexte cosmique qui se considère comme le maître du monde.

Ce que nous avons essayé de dire sur la portée de la pensée « mystérique » a une grande importance œcuménique. En effet, l'Église d'Orient, consciente d'avoir conservé pour l'héritage de l'Église ancienne, n'a jamais cessé de parler de la transfiguration du monde et d'intégrer de cette façon le cosmos dans sa conception du mystère du salut. Elle a ainsi appliqué à la relation entre l'*ekklèsia* et le monde la formule du Concile de Chalcédoine, selon laquelle la nature divine et la nature humaine en Christ ne peuvent être ni « mélangées », ni « dissociées », alors que nous séparons et que nous mélangeons les deux d'une manière également funeste. C'est dans la transfiguration et dans la transformation du monde que s'achève le mystère du salut.

Des théologiens catholiques ont fait paraître un recueil de « mélanges » intitulé *Sacramentum mundi*. Cette expression fait probablement allusion à la signification universelle du sacrement célébré par l'Église. Ne serait-il pas plus juste de parler de *Mysterium mundi* pour confesser que le grand mystère de Dieu est destiné au monde, qu'il est et restera toujours un secret de Dieu, que nous ne pouvons comprendre et dont nous ne pouvons pas disposer, mais que ce mystère concerne à la fois la destinée de l'homme et celle du monde ?

REMARQUES FINALES

« DANS, AVEC ET SOUS »

Nous ne disons rien de nouveau quant au fond, en réfléchissant encore une fois à la formule qui dit que tous les mystères de Dieu nous sont donnés « dans, avec et sous » des signes terrestres. Nous vérifions tout ce que nous avons dit à partir de ces prépositions ; nous nous assurons que les mêmes règles rigoureuses sont partout en vigueur, qu'il s'agisse de la manière de comprendre le Christ lui-même, de celle de décrire la vie spirituelle, de celle de concevoir le culte et ses formes, la structure de l'Église ou notre responsabilité à l'égard du monde.

Le mystère de Dieu veut s'épanouir dans ce monde et non dans un monde métaphysique supérieur. Il cherche le lieu où se rendre présent ; il se choisit et se façonne les vases à partir desquels il veut se déverser dans un bassin de plus en plus vaste. C'est pourquoi l'Église a besoin d'un ordre qui empêche le Mystère à elle confié de se confondre avec le monde environnant. Elle a besoin du dogme comme d'une forme rigoureuse de la vérité pour que son message demeure sain et ne s'évapore pas en une sagesse superficielle. C'est pourquoi le culte a besoin d'un lieu mis à part, séparé du domaine du monde et réservé au service de Dieu ; besoin aussi de signes particuliers qui permettent à la communauté rassemblée de vivre la présence de Dieu. L'Église se détruit donc elle-même quand, cessant de se comprendre comme une réalité théologique, elle se considère comme une structure sociologique et qu'elle entreprend de remplacer la rencontre cultuelle du Mystère par le service du monde. C'est pourquoi le symbole de l'Église est le calice qui ne laisse pas s'écouler son contenu, comme le ferait une passoire, mais qui le conserve pour qu'il puisse, au bon moment, donner ce qu'il a lui-même reçu et désaltérer ainsi les assoiffés.

Voilà enfin pourquoi notre responsabilité à l'égard du monde extérieur a besoin d'être rattachée au Mystère. Si cette responsabilité dégénérait en piété ou en philosophie de la nature, prétendant trouver Dieu sous les voûtes de la forêt mieux que dans les églises ou se vantant de découvrir le mystère ultime dans toutes les manifestations de la vie, on pourrait dire de nouveau : le panthéisme est la forme présentable de l'athéisme. Bien sûr, nous sommes entourés partout par les mystères de Dieu ; mais un mystère qui ne se concrétise nulle part, tout en prétendant être partout présent, court le risque de ne plus être présent nulle part.

La présence de Dieu est mystérieusement liée à des signes terrestres. Le mystère de Dieu, qui n'est pas identique avec ce monde mais qui vient à nous et qui entre dans ce monde, cesse d'exister dès lors que l'on parle des éléments terrestres comme s'ils étaient eux-mêmes, en eux-mêmes et par eux-mêmes de nature divine. Le mystère de la présence de Dieu, qui, dans sa miséricorde, ne brise pas le vase terrestre mais le maintient dans sa réalité terrestre, cesse d'exister dès que l'on parle du Mystère en termes de transsubstantiation. Il plaît à Dieu de se servir d'hommes accrédités et d'éléments terrestres pour accomplir son dessein d'amour dans l'Église et, grâce au service de cette dernière, dans le monde ; mais, même dans ces instruments, le mystère de Dieu demeure lié à la matière terrestre et ces instruments ne cessent pas d'être entièrement terrestres, entièrement humains, entièrement naturels. Il ne s'agit vraiment pas de raviver les fâcheuses discussions d'école sur la question de savoir, s'il convient d'exprimer la relation qui existe entre les éléments terrestres et le Christ présent parmi nous en termes de *transsubstantiatio* ou de *consubstantiatio* (ce dernier mot étant peut-être insuffisant). L'Église trahit le Mystère quand elle se rallie à la doctrine erronée qui enseigne un changement de substance ; le mystère de Dieu ne se trouverait pas réellement *dans* ce monde si l'Église et son sacrement échappaient par un miracle divin aux lois et aux structures de ce monde et constituaient ainsi un monde « sacré », inséré dans le monde terrestre sans lui appartenir vraiment. Le fait que Dieu soit présent au sein d'une communauté humaine où tout se passe d'une manière très humaine, dans une communauté d'hommes pécheurs n'est-il pas beaucoup plus miraculeux ? Certains milieux « chrétiens » avaient et ont encore une peur secrète de tout ce qui est naturel, une répugnance ou une inhibition à vivre dans ce qui est tout simplement humain. Le bon sens réprouve à juste titre ce genre pernicieux de présomption, qui se veut spirituel et ne tient aucunement à être humain.

Tout ce que nous venons de dire vaut également pour tous les domaines de la vie où le mystère de la présence gracieuse de Dieu veut manifester son action ; les êtres sont transformés dans leur relation avec Dieu et trouvent de cette manière seulement leur sens ultime et leur plus grand honneur ; mais ils ne sont pas « changés » en étant soustraits aux conditions terrestres et humaines. C'est pourquoi il est faux de parler de l'éros et de l'*agapè,* de l'amour terrestre et de l'amour céleste, comme s'ils s'opposaient et s'excluaient réciproquement et comme si le caractère chrétien d'un mariage était subordonné au fait que l'amour naturel et sensuel des sexes soit remplacé par l'amour chrétien. Oserons-nous dire que l'amour-éros joue ici le même rôle que les éléments naturels dans la Cène, qui ne perdent ni leur réalité terrestre ni leur goût à la suite de la consécration ? Même la « transfiguration » spirituelle de la communion des corps n'évacue pas le reste terrestre qui est pénible à supporter parce qu'il est fait de peine et de souffrance, mais aussi de tentation et de péché. La foi audacieuse, qui voit les réalités extérieures elles-mêmes à la lumière d'une promesse mystérieuse, n'est pas un phantasme osé et l'on ne peut parler sans désobéissance ni mensonge de la transfiguration du monde qu'en demeurant fidèle au réalisme le plus terre à terre.

Dernière observation : la présence de Dieu reste cachée sous la réalité terrestre, même quand il s'agit de l'Église et de son service au bénéfice du monde. En vérité, l'Église est elle-même un voile qui cache cette présence ; le Mystère qui permet à l'Église de vivre est souvent invisible dans cette Église même. Il y est si invisible que l'on croit devoir parler d'une expérience en l'absence de Dieu. C'est pourquoi il est stupide de prétendre prouver le caractère irremplaçable de l'Église en mettant en avant ses formes extérieures, ses prestations et ses succès visibles, la beauté de ses lieux de culte et de ses liturgies, ses mérites culturels et son importance « sociale ». On peut opposer à toutes ces preuves-là un nombre égal de preuves de sa barbarie, de la ruse ou de la méchanceté des « princes de l'Église », de l'inefficacité de ses paroles ou de l'impuissance de sa cure d'âme. Discuter à ce niveau-là n'a pas de sens. On est même contraint de dire que, dans sa réalité empirique, l'Église peut devenir une grande épreuve pour la foi, tant on voit peu en elle la puissance de l'Esprit Saint qui transforme le monde. Et quand quelqu'un confesse avec tristesse ou colère que Dieu n'est pas venu à lui à travers le service de l'Église, mais que la réalité mystérieuse du Seigneur a fait irruption dans sa vie par des voies bien différentes, nous ne pouvons ni le contredire ni nous plaindre, au nom de l'Église, de ce que le courant de l'action divine ait suivi un autre lit que le fleuve canalisé (ou faut-il dire : le bras mort) ? de l'Église instituée. Le mystère de Dieu reste caché sous le voile des réalités terrestres.

Pourquoi en est-il ainsi, et pourquoi faut-il qu'il en soit ainsi ? D'une part, parce que l'apparence ne correspond jamais à l'être lui-même, et surtout parce que, dans la vie du monde, le mystère du Christ est aussi caché que le Christ l'est lui-même. N'oublions pas l'angoisse des Réformateurs ni leur avertissement : l'Église de Jésus-Christ sur la terre se manifeste plus sous la forme de sa croix que dans l'éclat de sa gloire, et le signe de reconnaissance de l'Église véritable est l'épreuve plutôt que la paix et la sécurité. L'*oikonomia* des mystères de Dieu advient dans ce monde, mais elle advient en cachette ; elle n'est pas accomplie, elle est tout à fait provisoire. Le jour viendra pourtant où elle sera accomplie et où la beauté cachée de ses serviteurs et de ses outils resplendira comme le soleil. Toute la luisance de l'or et des joyaux qui ornent l'ostensoir, dans lequel l'Église catholique enferme l'hostie consacrée, n'est rien en comparaison de la gloire promise à ceux qui ont été fidèles dans leur ministère d'économes des mystères de Dieu !

L'APOSTASIE ET L'ANTI-ÉGLISE

Il nous reste un dernier thème à évoquer et nous ne pouvons l'évoquer qu'en tremblant, mais nous devons le faire parce qu'un jugement sévère menace tous ceux qui gardent pour eux un avertissement que Dieu leur a confié (Ez 3,18).

Il n'existe pas seulement un mystère du mal, mais le mystère du salut lui-même devient malédiction pour ceux qui portent le sacré dans des mains non sanctifiées.

L'Adversaire, qui est à l'œuvre depuis les origines pour priver les hommes du salut, cherche lui aussi des outils et des ouvriers pour introduire et répandre dans le monde les puissances du mensonge et de la destruction. L'épître aux Éphésiens (6,12) parle des « principautés et des pouvoirs », des seigneurs de ce monde, « des esprits du mal dans les lieux célestes ». Ces principautés et ces pouvoirs peuvent, certes, se servir des forces politiques ; mais, parce qu'ils tiennent à rester anonymes, ils sont aussi à l'œuvre dans les *media*. Comme le Roi de la vie, ces pouvoirs ont, eux aussi, des serviteurs, des apôtres, des prophètes et des prêtres, des sanctuaires et des cultes, où les mystères anti-divins sont célébrés et distribués. Tout au long des siècles, nous trouvons des exemples inquiétants d'une anti-Église dont les dogmes et les formes de domination sont des copies parfaitement ressemblantes des structures de l'Église, mais dont émanent des forces qui sèment le trouble et la destruction dans le monde.

Dès que l'homme se détourne de Dieu, il devient, consciemment ou non, la proie de cette contre-Église qui célèbre le mystère de l'Adversaire. Les puissances néfastes qui y agissent ne peuvent être vaincues que par la puissance souveraine d'une connaissance authentique et d'un amour véritable. C'est pourquoi le service du Mystère est un combat à la vie et à la mort, et la figure de l'archange Michaël, qui a vaincu le dragon de la rébellion, pour la gloire et pour l'honneur de Dieu, est toujours l'insigne d'une Église qui redécouvre ce qui est son unique vocation dans le monde : s'engager dans le combat en faveur des mystères de Dieu et souffrir pour défendre cette cause.

Il est toujours dangereux d'avoir à faire avec le Mystère, et l'Église et ses serviteurs sont les premiers à connaître ce danger. Le mystère de Dieu est menacé d'être faussé, renié et trahi, non seulement dans le monde, mais aussi dans l'Église elle-même. Ce danger est incarné dans la personne de l'Antichrist. Les rares passages bibliques relatifs à cet Antichrist ne laissent subsister aucun doute : il est une réalité qui survient *à l'intérieur de l'Église* ; il est l'incarnation d'un danger qui menace l'Église à partir de son être propre. Il est l'homme qui a une certaine notion de la puissance du Christ et de son mystère, mais qui établit sa propre domination en se couvrant du nom du Christ et qui prend de sa propre initiative place sur le trône de Dieu. Dans la personne du Grand Inquisiteur, Dostoïevski a décrit ce danger d'une contrefaçon antichrétienne dans son roman *Les frères Karamazov*. Quiconque a la moindre notion du Mystère marche toujours au bord d'un abîme ; quiconque ne se contente pas d'être un humble économe, mais veut être le maître et le bénéficiaire du Mystère, ne manquera pas d'être englouti dans cet abîme.

Luther, on le sait, a considéré le pape de Rome comme l'Antichrist ; les articles de Smalcalde (II, 4), qui font partie des écrits symboliques luthériens, désignent même le pape comme l'« Antichrist véritable ». Une époque qui n'avait aucune idée de l'autorité de l'Église ni des dangers auxquels elle est exposée n'a su voir dans ces affirmations que l'expression d'une colère démesurée et des injures dignes du XVIe siècle. Mais nous pourrions certainement tomber d'accord avec des catholiques sérieux (que ces expressions provoquent et blessent) pour dire qu'elles traduisent l'angoisse de Luther pour l'Église. Le danger qui guette cette dernière, c'est de ne plus demander dans la prière le miracle de la présence de Dieu et les dons de son Esprit, mais de prétendre disposer elle-même de toutes ces forces divines. C'est de ne plus adorer en tremblant le grand Mystère, mais d'enfermer la vérité divine dans ses définitions à elle, de manipuler la grâce comme un capital dont elle disposerait et de faire des mystères de Dieu un édifice important où l'homme, revêtu du manteau chatoyant de sa propre puissance, serait roi. Luther a vu ce danger et il l'a combattu dans la papauté de son époque. Mais il faudrait comprendre que celui-là seul a le droit de parler ainsi, qui est conscient du danger terrible qui menace toujours l'Église, chaque Église. Le protestantisme qui prétendrait disposer des mystères de Dieu par le fait qu'il professe la « pure doctrine », et qu'il prêche et célèbre les sacrements conformément à l'Écriture, le protestantisme qui fonderait sur cela sa propre assurance en face d'autres Églises, ce protestantisme tomberait pleinement sous le jugement de la parole de Luther, mentionnée plus haut. On ne peut pas répéter la phrase citée des articles de Smalcalde et on ne peut pas en tolérer la présence dans les confessions de sa propre Église sans poser avec angoisse la question que les disciples ont posée à Jésus le Jeudi saint : « Seigneur, est-ce moi ? »

Mais il ne faut pas tout mélanger. Il ne faut pas non plus faire à l'un quelconque des grands adversaires de la foi chrétienne l'honneur de le prendre pour l'Antichrist. L'Antichrist ne peut paraître nulle part ailleurs qu'au sein même de l'Église ; il peut même lui arriver de se vanter de sa propre orthodoxie ; mais il est fier, vaniteux, querelleur et dépourvu d'amour. Nous ignorons si l'Antichrist apparaîtra un jour sous les traits d'un individu, puisqu'il se fait précéder par ses messagers et par ses instruments et qu'il fait déjà dresser les signes de son règne. Mais quand on voit un serviteur de l'Église, dépourvu d'humilité et d'amour, ne plus s'étonner de se voir confier des trésors divins en dépit de son indignité, débiter les grands mystères comme des mots ordinaires, considérer l'adaptation aux modes de l'époque comme plus importante que la communion avec les Pères de l'Église, faire avec emphase profession de sacrifier l'héritage de l'Église aux exigences tonitruantes de l'opinion publique, être prêt à transformer l'Église en réalité sociologique, quand, enfin, on voit ceux qui ont reçu le ministère de vigilance dans l'Église tolérer et supporter ce qu'ils n'ont le droit ni de tolérer ni de supporter, ne faut-il pas voir dans tout cela les signes avant-coureurs du règne de l'Antichrist ?

Mais l'Antichrist sera brûlé dans le feu qu'il avait allumé pour son plaisir sacrilège.

Dans sa *Petite Histoire de l'Antichrist* (1899), Vladimir Soloviev a décrit avec une puissance visionnaire saisissante la montée et la chute de l'Antichrist. Sans en avoir conscience, il a prêté à son Antichrist les traits mêmes qu'un poète anonyme de l'époque de Frédéric Barberousse a prêtés au souverain de l'Empire de l'Antichrist dans le *Ludus de Antichristo.* Mais après avoir séduit le monde entier grâce à son mot d'ordre *pax et securitas* (1 Th 5,3), l'Antichrist sera jeté à terre par l'apparition du Christ vainqueur qui démasquera son inanité.

Dans le jeu médiéval dont je viens de parler, l'*ekklèsia* se tait pendant que l'Antichrist triomphe ; elle se voile la face. Puis elle dénonce le lieu de son anéantissement :

> Regardez l'homme qui n'a pas choisi Dieu pour soutien,
> mais qui a mis son espérance dans la plénitude de ses richesses
> et qui était grand dans sa vanité.
> Quant à moi, j'espère en la miséricorde de Dieu
> pour toujours et dans les siècles des siècles. Amen.

L'*ekklèsia* a mission de reconnaître et de démasquer la supercherie de l'Antichrist en son propre sein. Seule cette vigilance face au danger majeur qui la guette lui permet de témoigner des mystères de Dieu et de les transmettre sans se détruire elle-même et sans détruire le monde entier.

ÉPILOGUE

Les deux grandes Églises chrétiennes d'Occident sont en proie à une inquiétude et à des tensions internes qui menacent de déchirer l'unité de l'Église. Ces forces destructrices présentent de curieuses similitudes dans les deux Églises et l'on a pu paradoxalement parler d'une « unité par scission ». Des oppositions fondamentales n'existent pas seulement d'une grande confession à l'autre ; elles traversent aussi chacune des Églises en particulier. Les groupes en apparence opposés sont sans doute souterrainement reliés par le fait qu'ils ont cessé de considérer le Mystère comme cœur de la foi et que pour aucun d'eux ni le mot ni la réalité du Mystère ne jouent plus aucun rôle essentiel. D'un côté, nous voyons ainsi régner une foi en la science, qui refuse toute autre forme de pensée que rationnelle et qui exclut tout ce qui pourrait faire exploser ce système fermé. S'il faut rejeter et qualifier de « mythique » (ou de tel autre adjectif à la mode) tout ce qui ne s'insère pas dans un monde rationnellement explicable, toutes choses demeurent évidemment à l'intérieur des limites que l'on dit contraignantes pour l'homme d'aujourd'hui, mais il n'y a plus aucune place pour le Mystère. Les mêmes remarques s'appliquent à une théologie qui prétend sauvegarder jalousement le merveilleux, en semblant ignorer que le Mystère ne peut jamais trouver d'expression complète et adéquate et que le secret de Dieu peut seulement être attesté *en mystèrio*, dans la langue des images et non pas sous la forme de faits objectifs, dont la vérité serait assurée par la critique historique ou par l'argumentation philosophique. Le concept non biblique de sacrement peut cacher ce déficit à ceux qui se laissent duper par cette substitution ; mais on ne remarque pas que c'est l'oubli du Mystère qui a, en réalité, entraîné la décadence du sacrement.

Le Mystère s'est trouvé pris entre ces deux fronts où il a été oublié comme un soldat blessé à mort dans le *no man's land* qui sépare ces deux fronts secrètement alliés.

Les deux partis ont relativement raison l'un par rapport à l'autre parce que le Mystère dont nous parlons n'existe pas à la manière d'un objet et parce qu'il est impossible de subordonner le contenu du message chrétien à la « pensée scientifique » dont nous avons parlé plus haut, à moins de sacrifier tout ce qui est mystérieux et incompréhensible dans ce message.

Mais qu'advient-il d'une Église qui ne se soucie plus d'être la gardienne des mystères de Dieu ? Qu'advient-il d'une Église qui est devenue soit un club où l'on discute des opinions qui n'engagent à rien, soit le lieu où l'on pratique des expériences sociologiques ? Qu'advient-il d'une Église où l'adoration et l'amour du grand Mystère ont fait place à des débats tonitruants ? Cette Église a perdu son contenu essentiel et personne ne la prend plus au sérieux. Si l'apôtre a eu raison de dire (Ep 3,10) que la sagesse merveilleuse et multiforme de Dieu doit aussi être manifestée aux esprits célestes par l'existence de son Église sur terre, à combien plus forte raison l'Église est-elle tenue d'attester aux hommes les mystères qui lui ont été révélés !

Romano Guardini a affirmé dès 1942 qu'en tournant le dos au rationalisme la spiritualité moderne ne pourrait trouver sa patrie que dans le Mystère. Cette parole prophétique exprime exactement ce que j'ai voulu dire dans ce livre. Ceux qui vivent aujourd'hui cette certitude ou ce pressentiment sont peut-être plus nombreux que ne le savent ceux qui mettent leur confiance dans la science. Il est temps de nous rappeler et de rappeler à la relève pastorale des deux Églises ce témoignage autobiographique de l'Apôtre : « Qu'on nous regarde comme des serviteurs du Christ et comme des administrateurs *(oikonomoi)* des mystères de Dieu » (1 Co 4,1).

TABLE DES MATIÈRES

Préface à la traduction française 7
Avant-propos de l'auteur 11
Introduction : « Mysterium » 13

Première partie. **Le Mystère en tant que mystère de Dieu** 17

Le Mystère est le mystère *de Dieu* 19
Le Mystère est le *mystère* de Dieu 26
Le Mystère et les mystères préchrétiens 31
Luther et le Mystère 35
« Dans, avec et sous... » 38
L'ambivalence du Mystère 43

Deuxième partie. **Les formes du Mystère** 49

1. Le Christ en tant que mystère de Dieu 53

2. La vie chrétienne en tant que mystère 65
   L'existence chrétienne 65
   Quelques images bibliques 73
   « Dans, avec et sous... » 77
   Le conflit au cœur de la vie spirituelle 84

3. Le Mystère dans l'Église 87
   Le Mystère dans le service divin 91
   Le Mystère dans la Parole 95
   Le baptême en tant que Mystère 103
   La Cène en tant que Mystère 110
   Le Mystère dans la structure de l'Église 121
      Communio 123
      Le ministère 132

4. Le Mystère dans le monde 147
   Le corps 149
   Le sexe 150

Le Mystère dans le cosmos 154

Remarques finales.. 159

« Dans, avec et sous ».. 159
L'apostasie et l'anti-Église.. 162
Épilogue 165

Théologies

APOLOGIQUE

Apologique vient du mot « apologie » qui signifie « défense, réponse, justification », en un mot plaidoirie dans un procès.

Par-delà les excès de l'apologétique, cette collection veut redonner à la théologie sa verve primitive, le dynamisme de la plaidoirie, où chaque partie marque clairement les enjeux, afin que les discussions autour de la foi ne deviennent pas étrangères au « sens commun ».

F. Chavanes : *Albert Camus. « Il faut vivre maintenant »*
F. Dreyfus : *Jésus savait-il qu'il était Dieu ?*
P. Grelot : *Évangiles et tradition apostolique*
P. Grelot : *L'Origine des Évangiles. Controverses avec J. Carmignac*
P. Grelot : *Les Ministères dans le peuple de Dieu*
G. Gutiérrez : *La Libération par la foi. Boire à son propre puits*
Y. Ledure : *Lectures « chrétiennes » de Nietzsche*
B. de Margerie : *Liberté religieuse et Règne du Christ*
M. Novak : *Une éthique économique. Les valeurs de l'économie de marché*
O. Rabut : *Peut-on moderniser le christianisme ?*
J. Rollet : *Le Cardinal Ratzinger et la théologie contemporaine*
E. Schillebeeckx : *La politique n'est pas tout*
F. Varone : *Ce Dieu absent qui fait problème*
F. Varone : *Ce Dieu censé aimer la souffrance*
Association des catéchistes allemands : *Manuel de la foi*

THÉOLOGIES

Alberigo (éd.) : *La Chrétienté en débat*
C. Andronikof : *Le Sens de la liturgie*
E. Behr-Sigel : *Le Ministère de la femme dans l'Église*
E. Behr-Sigel : *Le lieu du cœur*
C. A. Bernard : *Théologie spirituelle*
I. Berten : *Christ pour les pauvres. Dieu à la marge de l'histoire*
B. Bobrinskoy : *Le Mystère de la Trinité*
L. Boff : *François d'Assise. Force et tendresse*
L. Boff : *Je vous salue, Marie. L'Esprit et le féminin*
L. Boff : *Le Notre Père. Une prière de libération intégrale*
H. Bourgeois : *Théologie catéchuménale*
L. Bouyer : *Gnôsis. La connaissance de Dieu dans l'Écriture*
J. Bur : *Le péché originel. Ce que l'Église a vraiment dit*
R. Cantalamessa : *La vie dans la seigneurie du Christ*
G. Casalis : *Les idées justes ne tombent pas du ciel.*
M.-D. Chenu et al. : *Une école de théologie : le Saulchoir*
Collectif : *Théologies de la libération. Documents et débats*
Collectif : *L'hommage différé au père Chenu*
Y. Congar : *Je crois en l'Esprit Saint*
T. I. *L'expérience de l'Esprit*

T. II. *Il est Seigneur, il donne la vie*
T. III. *Le fleuve de vie coule en Orient et en Occident*
Y. Congar : *Entretiens d'automne*
Y. Corbon : *Liturgie de source*
O. Cullmann : *L'Unité par la diversité*
C. Duquoc : *Dieu différent*
C. Duquoc : *Jésus homme libre*
C. Duquoc : *Des Églises provisoires*
F.-X. Durrwell : *L'Eucharistie sacrement pascal*
F.-X. Durrwell : *L'Esprit Saint de Dieu*
F.-X. Durrwell : *Le Père. Dieu en son mystère*
D. Gonnet : *Dieu aussi connaît la souffrance*
A. Gounelle et F. Vouga : *Après la mort, qu'y a-t-il ?*
P. Grelot : *Église et Ministères*
G. Gutiérrez : *Le Dieu de la vie*
G. Gutiérrez : *Job. Parler de Dieu à partir de la souffrance de l'innocent*
J.-P. Jossua : *Lectures en écho. Journal théologique I*
J.-P. Jossua : *L'Écoute et l'Attente. Journal théologique II*
J.-P. Jossua : *La Condition du témoin*
J.-P. Jossua : *La Beauté et la Bonté*
H. Küng : *Garder espoir*
G. Lafon : *Croire, espérer, aimer*
N. Leites : *Le Meurtre de Jésus, moyen de salut*
G. Lohfink : *L'Église que voulait Jésus*
H. de Lubac : *Entretien autour de Vatican II*
A. Manaranche : *Le Monothéisme chrétien*
J.-P. Manigne : *Le Maître des signes. La poétique de la foi*
G. Martelet : *Libre réponse à un scandale*
J. et E. Moltmann : *Dieu, homme et femme*
P. Nellas : *Le Vivant divinisé*
A. Nolan : *Dieu en Afrique du Sud*
W. Pannenberg : *La Foi des Apôtres. Commentaire du Credo*
H. Paprocki : *La Promesse du Père. L'expérience du Saint Esprit dans l'Église orthodoxe*
R. Parent : *Une Église de baptisés. Pour surmonter l'opposition clercs/laïcs*
J.-P. Prevost : *La Mère de Jésus*
K. Rahner : *Le Courage du théologien*
B. Rey : *Jésus-Christ chemin de notre foi*
B. Rey : *Nous prêchons un Messie crucifié*
J. Rigal : *L'Église, obstacle et chemin vers Dieu*
J. Rigal : *Le Courage de la mission*
J. Rigal : *Préparer l'avenir de l'Église*
E. Schillebeeckx : *Expérience humaine et foi en Jésus-Christ*
E. Schillebeeckx : *Le Ministère dans l'Église*
E. Schillebeeckx : *Plaidoyer pour le peuple de Dieu*
C. von Schönborn : *L'Icône du Christ*
H. Simon : *Chrétiens dans l'État moderne*
W. Stählin : *Le Mystère de Dieu*
D. Stein : *Lectures psychanalytiques de la Bible*
G. Tavard : *La Vision de la Trinité*
J.-M.-R. Tillard : *L'Évêque de Rome*
H.J. Venetz : *C'est ainsi que l'Église a commencé*
K. Wojtyla : *La Foi selon saint Jean de la Croix*
Ch. Yannaras : *La foi vivante de l'Église*

Achevé d'imprimer en septembre 1991
sur les presses de l'imprimerie Laballery
58500 Clamecy

Dépôt légal : septembre 1991
N° d'édition : 9173
N° d'impression : 104041

Imprimé en France